Quick Guide

Reihe herausgegeben von
Springer Fachmedien Wiesbaden, Wiesbaden, Deutschland

Quick Guides liefern schnell erschließbares, kompaktes und umsetzungsorientiertes Wissen. Leser erhalten mit den Quick Guides verlässliche Fachinformationen, um mitreden, fundiert entscheiden und direkt handeln zu können.

Constantin Frank-Fahle, LL.M. ·
Roland Falder · Anna-Luisa Lemmerz

Quick Guide Compliance, ESG und Investigations in Emerging Markets

Ein Leitfaden für Praktiker

Constantin Frank-Fahle, LL.M.
emltc
Dubai, United Arab Emirates

Roland Falder
emltc
Dubai, United Arab Emirates

Anna-Luisa Lemmerz
emltc
Dubai, United Arab Emirates

ISSN 2662-9240   ISSN 2662-9259 (electronic)
Quick Guide
ISBN 978-3-658-43688-9   ISBN 978-3-658-43689-6 (eBook)
https://doi.org/10.1007/978-3-658-43689-6

Die Deutsche Nationalbibliothek verzeichnet diese Publikation in der Deutschen Nationalbibliografie; detaillierte bibliografische Daten sind im Internet über http://dnb.d-nb.de abrufbar.

© Der/die Herausgeber bzw. der/die Autor(en), exklusiv lizenziert an Springer Fachmedien Wiesbaden GmbH, ein Teil von Springer Nature 2024

Das Werk einschließlich aller seiner Teile ist urheberrechtlich geschützt. Jede Verwertung, die nicht ausdrücklich vom Urheberrechtsgesetz zugelassen ist, bedarf der vorherigen Zustimmung des Verlags. Das gilt insbesondere für Vervielfältigungen, Bearbeitungen, Übersetzungen, Mikroverfilmungen und die Einspeicherung und Verarbeitung in elektronischen Systemen.
Die Wiedergabe von allgemein beschreibenden Bezeichnungen, Marken, Unternehmensnamen etc. in diesem Werk bedeutet nicht, dass diese frei durch jedermann benutzt werden dürfen. Die Berechtigung zur Benutzung unterliegt, auch ohne gesonderten Hinweis hierzu, den Regeln des Markenrechts. Die Rechte des jeweiligen Zeicheninhabers sind zu beachten.
Der Verlag, die Autoren und die Herausgeber gehen davon aus, dass die Angaben und Informationen in diesem Werk zum Zeitpunkt der Veröffentlichung vollständig und korrekt sind. Weder der Verlag noch die Autoren oder die Herausgeber übernehmen, ausdrücklich oder implizit, Gewähr für den Inhalt des Werkes, etwaige Fehler oder Äußerungen. Der Verlag bleibt im Hinblick auf geografische Zuordnungen und Gebietsbezeichnungen in veröffentlichten Karten und Institutionsadressen neutral.

Planung/Lektorat: Irene Buttkus
Springer Gabler ist ein Imprint der eingetragenen Gesellschaft Springer Fachmedien Wiesbaden GmbH und ist ein Teil von Springer Nature.
Die Anschrift der Gesellschaft ist: Abraham-Lincoln-Str. 46, 65189 Wiesbaden, Germany

Das Papier dieses Produkts ist recycelbar.

Vorwort

Die Bedeutung von internen Untersuchungen im Ausland hat in den letzten Jahren stark zugenommen. Dies ist vor allem auf die weiter zunehmende Globalisierung der Wirtschaft und die damit einhergehende Komplexität der Wirtschaftsbeziehungen (und Lieferketten) zurückzuführen. Unternehmen sind heute in der ganzen Welt tätig und haben damit einen großen Einfluss auf Menschenrechte und die Umwelt. Betroffen sind vor allem Menschen in Ländern, die einerseits schon beachtliche wirtschaftliche Fortschritte zu verzeichnen haben, andererseits aber noch durch erhebliche Defizite in der internen Vermögensverteilung gekennzeichnet sind.

Die ESG-Gesetzgebung in Deutschland und der EU stellt hohe Anforderungen an Unternehmen. Sie verpflichtet Unternehmen, die Auswirkungen ihrer wirtschaftlichen Betätigung auf die Umwelt und die sozialen und gesellschaftlichen Verhältnisse zu berücksichtigen und insgesamt eine nachhaltige Unternehmensführung zu gewährleisten. Dies gilt insbesondere auch für die Aktivitäten von Niederlassungen, Tochtergesellschaften und Lieferanten im Ausland. Hier befinden sich nach der expliziten Zielsetzung der ESG-Gesetze die zu schützenden Menschen.

Interne Untersuchungen sind ein wichtiges Instrument für Unternehmen, um ihre ESG-Verpflichtungen zu erfüllen. Sie tragen dazu bei, ESG-Risiken zu identifizieren und zu beseitigen.

In diesem Buch wird die Bedeutung von internen Untersuchungen im Ausland im Kontext der ESG-Gesetzgebung in Deutschland und der EU erörtert. Die Autoren geben einen Überblick über die rechtlichen Rahmenbedingungen, die sich aus dieser Gesetzgebung ergeben. Ein Schwerpunkt der Darstellung sind die Herausforderungen, die mit internen Untersuchungen im Ausland verbunden sind. Darüber hinaus enthält die Darstellung praktische Tipps und Empfehlungen für die Durchführung von internen Untersuchungen im Ausland, insbesondere in Emerging Markets.

Das Buch (Redaktionsschluss: Oktober 2023) richtet sich an Unternehmensjuristen, Compliance-Manager, Menschenrechtsbeauftragte und sonstige Stakeholder, die sich mit dem Thema interne Untersuchungen befassen.

Dubai/Abu Dhabi
Oktober 2023

Dr. LL.M. Constantin Frank-Fahle
Rechtsanwalt und Gründungspartner
emltc (Emerging Markets – Legal.
Tax. Compliance.)

Roland Falder
Rechtsanwalt und Counsel
emltc (Emerging Markets – Legal.
Tax. Compliance.)

Dr. Anna-Luisa Lemmerz
Rechtsanwältin und Counsel
emltc (Emerging Markets – Legal.
Tax. Compliance.)

Inhaltsverzeichnis

1	Einführung	1
2	Anknüpfungspunkte	5
2.1	Transaktions- und Ad Hoc-Due Diligence	6
2.1.1	Transaktions-Due Diligence	6
2.1.2	Ad Hoc-Due Diligence	8
2.1.3	Besondere Risiken einer Due Diligence mit Auslandsbezug	9
2.2	Verrechtlichung unternehmerischer Tätigkeit	10
2.2.1	Hintergrund der Verrechtlichung	10
2.2.2	Folgen für Unternehmen	12
2.2.3	Verbindendes Element der neuen Regelungen	13
2.3	Supply Chain Compliance	14
2.3.1	Lieferkettensorgfaltspflichtengesetz	15
2.3.1.1	Anwendungsbereich	15
2.3.1.1.1	Persönlicher Anwendungsbereich	15
2.3.1.1.2	Sachlicher Anwendungsbereich	16
2.3.1.2	Sorgfaltspflichten für Unternehmen	18
2.3.1.3	Zuständige Behörde	20
2.3.1.4	Sanktionen	20
2.3.1.5	Compliance-Anforderungen an Unternehmen	21
2.3.2	Vorschlag zur EU-Lieferkettenrichtlinie	24
2.3.2.1	Anwendungsbereich	25
2.3.2.2	Sorgfaltspflichten für Unternehmen	26

	2.3.2.3	Sanktionen	27
	2.3.2.4	Verhältnis zum LkSG	27
	2.3.2.5	Etwaige Compliance-Anforderungen an Unternehmen	28
2.3.3	Konfliktmineraleverordnung		28
	2.3.3.1	Anwendungsbereich	29
	2.3.3.2	Sorgfaltspflichten für Unternehmen	30
	2.3.3.3	Zuständige Behörde	31
	2.3.3.4	Sanktionen	32
	2.3.3.5	Compliance-Anforderungen an Unternehmen	32
2.3.4	EU-Entwaldungsverordnung		33
	2.3.4.1	Anwendungsbereich	35
	2.3.4.2	Sorgfaltspflichten für Unternehmen	36
	2.3.4.3	Zuständige Behörde	39
	2.3.4.4	Sanktionen	39
	2.3.4.5	Compliance-Anforderungen an Unternehmen	40
2.3.5	Verordnungsvorschlag zum Verbot von in Zwangsarbeit hergestellten Produkten auf dem Unionsmarkt		41
	2.3.5.1	Anwendungsbereich	42
	2.3.5.2	Durchsetzung	43
		2.3.5.2.1 Voruntersuchungen	43
		2.3.5.2.2 Untersuchungen	44
	2.3.5.3	Etwaige Compliance-Anforderungen an Unternehmen	45
2.4 Richtlinie über die Nachhaltigkeitsberichterstattung (CSRD)			46
2.4.1	Anwendungsbereich		47
	2.4.1.1	Persönlicher Anwendungsbereich	47
	2.4.1.2	Zeitlicher Anwendungsbereich: Erstmalige Nachhaltigkeitsberichtspflicht	48
2.4.2	Form und Inhalt der Berichterstattung		49
2.4.3	Verhältnis zur EU-Taxonomie Verordnung		51
2.4.4	Umsetzungsfrist		52
2.4.5	Compliance-Anforderungen an Unternehmen		52
2.5 Korruptionsvermeidung			53
2.5.1	Korruption in Emerging Markets		54
2.5.2	Schwarze Kassen		55

	2.5.3	Bestechung	57
	2.5.4	Compliance-Maßnahmen zur Korruptionsvermeidung	58
2.6		Bilanzfälschung	62

3 Der Kreis der Betroffenen ... 65
3.1 Unternehmen ... 65
3.2 Tochtergesellschaften ... 66
3.3 Zweigniederlassungen ... 67
3.4 Unmittelbare und mittelbare Zulieferer ... 68
3.5 Sonstige Betroffene ... 68

4 Die Organisation von On-Site Audits in Emerging Markets ... 71
4.1 Auslöser von internen Ermittlungen bei Auslandsgesellschaften, -niederlassungen und Geschäftspartnern ... 71
    4.1.1 Allgemeine Berichtspflichten ... 72
    4.1.2 Risikoanalysen ... 73
    4.1.3 Transaktionen ... 74
    4.1.4 Hinweise auf Verstöße ... 75
    4.1.5 Anforderungen von Dienstleistern und Stakeholdern ... 76
4.2 Erster Schritt: Sachverhaltsermittlung ... 77
    4.2.1 Eigene Informationsbeschaffung ... 77
        4.2.1.1 Dokumente ... 78
        4.2.1.2 Know-how von Mitarbeitern ... 78
        4.2.1.3 Selbstauskünfte ... 79
        4.2.1.4 Zwischenfazit ... 80
    4.2.2 Beauftragung von Dienstleistern mit der Informationsbeschaffung ... 80
        4.2.2.1 Einsatz von Software und Künstlicher Intelligenz ... 80
        4.2.2.2 Zertifikate und Mitgliedschaften ... 81
        4.2.2.3 Dienstleister zur Durchführung eines On-Site Audits ... 83
    4.2.3 Zusammenstellung des Teams ... 83
        4.2.3.1 Eigene Mitarbeiter ... 84
        4.2.3.2 Externe Berater ... 84
        4.2.3.3 Fazit zur Teambildung ... 85
    4.2.4 Anforderungsprofile ... 86
        4.2.4.1 Teamleitung ... 86

	4.2.4.2	Vermeidung von Redundanzen	86
	4.2.4.3	Teamfähigkeit	86
	4.2.4.4	Rechtskenntnisse	87
	4.2.4.5	Ausländische Mitarbeiter	87
	4.2.4.6	Sonstiges	87

4.3 Organisation des Audits 88
    4.3.1 Dokumentenmanagement/Checklisten 89
    4.3.2 Zeitplanung 90
        4.3.2.1 Reisezeiten 90
        4.3.2.2 Kommunikation 91
        4.3.2.3 Übersetzungen 92
        4.3.2.4 Kulturelle Unterschiede 92
        4.3.2.5 Flexibilität 93
        4.3.2.6 Legal Compliance 93
    4.3.3 Klärung von Rechtsfragen im Auslandskontext 95
    4.3.4 Aufgabenverteilung nach Kompetenzprofilen 96
        4.3.4.1 Kompetenzprofile 96
        4.3.4.2 Priorisierung 97
        4.3.4.3 Kommunikation 97
        4.3.4.4 Überwachung und ständige Anpassung 97

4.4 Projektmanagement 98
    4.4.1 Zentrale vs. lokale Steuerung 98
    4.4.2 Ständige Fortschreibung und Protokollierung des Status 98
        4.4.2.1 Definition von Meilensteinen und (Zwischen-)Zielen 99
        4.4.2.2 Festlegung von Verantwortlichkeiten 99
        4.4.2.3 Verwendung von Projektmanagement-Tools 99
    4.4.3 Kostenmanagement 101
        4.4.3.1 Budgetplanung 101
        4.4.3.2 Kostenkontrolle 101
        4.4.3.3 Risikomanagement 102
        4.4.3.4 Kosten-Nutzen-Analyse 102
        4.4.3.5 Kosteneffizienz 102
        4.4.3.6 Kostenkommunikation 102

4.5	Abschluss der Untersuchung		102
	4.5.1 Erfüllung von Berichts- und Dokumentationspflichten durch Abschlussbericht mit Empfehlungen		103
	4.5.2 Darstellung von Präventions- und Abhilfemaßnahmen		104
		4.5.2.1 Prävention	104
		4.5.2.1.1 Implementierung/Anpassung eines Compliance-Programms	104
		4.5.2.1.2 Schulung und Sensibilisierung	105
		4.5.2.1.3 Überwachung und interne Kontrollen	105
		4.5.2.2 Abhilfe	106
	4.5.3 Organisation von lokalen Schulungen		107
		4.5.3.1 Kultur und Sprache	107
		4.5.3.2 Relevante Themen	107
		4.5.3.3 Praktische Beispiele und interaktive Methoden	108
	4.5.4 Laufende Kontrollmaßnahmen/Wiederholung des Audits		108

5 Zusammenfassung und Ausblick 111

Einführung 1

Die Globalisierung der Wirtschaftsbeziehungen ist seit langer Zeit eine der wesentlichen Triebfedern der nationalen und internationalen Entwicklung. Von dieser Zusammenarbeit profitierten grundsätzlich sowohl die großen Wirtschaftsnationen, die neue Absatzgebiete und Rohstoffquellen erschließen konnten, als auch Schwellen- und Entwicklungsländer, deren Wirtschaft durch die Gewährleistung günstiger Produktionsbedingungen vielfach erheblich ausgebaut werden konnte. Dies trug zu einer Steigerung des lokalen Lebensstandards bei.

Die Diskussion über den globalen Klimawandel führte zunächst dazu, dass die Auswirkungen der Globalisierung auf das Klima internationale Aufmerksamkeit erlangten. Nach wie vor erweist sich die Vereinbarung von Klimazielen auf internationaler Ebene jedoch als problematisch, da zahlreiche Zielkonflikte bestehen.

In jüngster Vergangenheit ist zudem die Wahrung von Menschenrechten und die Reduzierung umweltbezogener Risiken in den Fokus der Diskussion vor allem in entwickelten Volkswirtschaften gelangt. Es entstand ein Bewusstsein dafür, dass die Gewinnung notwendiger Rohstoffe und die kostengünstige Produktion in Schwellen- und Entwicklungsländern mit einem Preis zulasten lokaler Lebens- und Arbeitsbedingungen verbunden ist. Mittlerweile handelt es sich dabei nicht mehr nur um eine moralische Frage. In der Erkenntnis, dass staatlichem Handeln im Ausland Grenzen gesetzt sind und Appelle an Unternehmen nicht zu dem gewünschten Ergebnis einer Verbesserung der Menschenrechtslage und einer Reduzierung von Umweltrisiken in traditionellen Lieferländern geführt haben, begann jüngst eine Welle von regulatorischen Eingriffen. Diese reichen von bloßen Berichterstattungspflichten bis hin zu dem Nachweis der Einhaltung von Sorgfaltspflichten in der gesamten Liefer- bzw. Wertschöpfungskette. Diese regulatorische Entwicklung ist noch lange nicht abgeschlossen. Insbesondere auf Ebene der Europäischen Union (EU) geht die Planung dahin, noch weitergehende Regelungen einzuführen, um arbeitsbezogene Menschenrechte in Schwellen- und Entwicklungsländern zu verbessern und umweltbezogene Risiken zu minimieren. Dies bedeutet für immer mehr Unternehmen in Deutschland und der EU, dass sie rechtlich über diverse ESG-Regelwerke verpflichtet sind, die eigene unternehmerische Tätigkeit sowie ihre geschäftlichen Beziehungen mit Dritten – insbesondere Lieferbeziehungen – zu analysieren und dafür Vorsorge zu treffen, dass in der Liefer- bzw. Wertschöpfungskette Verletzungen der Menschenrechte nach Möglichkeit vermieden, aber jedenfalls bei Bekanntwerden adressiert werden.

▶Der Begriff „ESG" (Environmental, Social and Governance, zu Deutsch: Umwelt, Soziales und Unternehmensführung) bezeichnet als umfassender Oberbegriff ein Reglement zur Bewertung der Nachhaltigkeit und Ethikgrundsätze eines Unternehmens.

Um diesen neuen Anforderungen gerecht zu werden, müssen Unternehmen ihre Compliance-Organisation grundlegend auf den Prüfstand stellen. Dabei genügt allerdings nicht, in Deutschland und Europa interne Regelwerke einzuführen bzw. zu optimieren, vielmehr ist es für die Erreichung der gesetzgeberischen Ziele von entscheidender Bedeutung, auch im Ausland im Rahmen der Möglichkeiten eine Verbesserung der Lage der (arbeitenden) Menschen zu erreichen.
Rechtstechnisch geschieht dies dadurch, dass Unternehmen in zweifacher Hinsicht tätig werden müssen. Zum einen ist die eigene Organisation durch die Einführung verbindlicher interner Regeln darauf auszurichten, dass das Unternehmen selbst sowie Geschäftspartner im Ausland ihre Verpflichtungen erfüllen können, ohne dabei Rechtsverstöße zu begehen. Zum anderen sollen Verpflichtungen zur Einhaltung allgemein anerkannter Menschenrechts- und Umweltstandards auch in den Lieferbedingungen verbindlich vereinbart werden. Schließlich ist auch eine gewisse Umsetzungskontrolle durch die Bearbeitung eingehender Beschwerden und regelmäßige Kontrollmaßnahmen vorgegeben.

▶Der Begriff „Compliance" bedeutet wörtlich übersetzt Einhaltung der Rechtsordnung. Im engeren Sinne umfasst er die Pflicht eines Unternehmens, dafür Sorge zu tragen, dass alle geltenden Bestimmungen eingehalten werden und rechtskonform gearbeitet wird.

1 Einführung

Insbesondere in Schwellenländern, sog. Emerging Markets, und Entwicklungsländern bestehen bekanntermaßen erhöhte Risiken für Menschenrechts- oder Umweltverstöße. Auch wenn es zu entsprechenden Gefährdungen in Deutschland, der EU und anderen entwickelten Volkswirtschaften kommen kann, liegt der Fokus des Gesetzgebers klar auf der zu verhindernden Ausnutzung eines Machtgefälles zwischen starken Wirtschaftsteilnehmern in der Exportwirtschaft der großen Wirtschaftsnationen und den auf den Export angewiesenen, oftmals kleinen Wirtschaftsteilnehmern der Schwellen- und Entwicklungsländer. Es ist naturgemäß eine Herausforderung, die Einhaltung der geforderten Standards auch in entfernten Regionen und mitunter sogar bei Unternehmen, die nicht einmal eigene Geschäftspartner sind, zu gewährleisten. Die regulatorischen Vorgaben enthalten insoweit einen „Werkzeugkasten" mit abgestuften Mitteln. Zu den wichtigsten Instrumenten im Hinblick auf die (erweiterte) Lieferkette in Entwicklungsländern zählt neben der Durchführung bzw. Organisation und Überwachung von Schulungen die Prüfung der Verhältnisse vor Ort.

Zwar werden in aller Regel zunächst andere zur Verfügung stehende Mittel genutzt werden, vielfach ist es jedoch trotz des erheblichen Aufwands und trotz durchaus anzuerkennender Erkenntnisgrenzen unerlässlich, sich im Ausland selbst ein Bild zu machen und mit potenziell von Menschenrechtsverletzungen und Umweltschädigungen Betroffenen ins Gespräch zu kommen.

▶ Als „Internal Investigation" werden unternehmensinterne Untersuchungen bezeichnet, die der Prävention bzw. Aufdeckung von Rechtsverstößen dienen. Nicht immer ist eine Untersuchung vor Ort (On-Site Audit) zwingend, oft jedoch ein geeignetes Mittel dazu, Erkenntnisse zu gewinnen, die in anderer Weise nicht erlangt werden können.

Compliance-Verstöße im Ausland können für Unternehmen schwerwiegende Folgen haben, wie bspw. hohe Bußgelder, Schadensersatzforderungen und Reputationsschäden. Diese Risiken lassen sich durch die Einhaltung verschiedener Grundsätze und Maßnahmen beherrschen, die im Folgenden dargestellt werden.

Nach einem Überblick über die verschiedenen Anknüpfungspunkte für die Durchführung interner Untersuchungen in Schwellen- und Entwicklungsländern bilden die organisatorischen Maßnahmen und deren Umsetzung einen weiteren Schwerpunkt dieses Werkes.

Anknüpfungspunkte 2

> **Was Sie aus diesem Kapitel mitnehmen**
>
> - Ein Verständnis für potenzielle Anknüpfungspunkte für Compliance-Untersuchungen in Schwellen- und Entwicklungsländern
> - Ein Verständnis dafür, warum Unternehmen auf Grundlage diverser neuer ESG-Regelwerke zu umfassenden Compliance-Maßnahmen verpflichtet werden
> - Ein Verständnis dafür, was Unternehmen auf Grundlage der neuen ESG-Regelwerke in puncto Compliance tun müssen
> - Ein Verständnis dafür, welche weiteren ESG-Gesetzesvorhaben derzeit diskutiert werden
> - Ein Verständnis dafür, welchen besonderen Herausforderungen europäische und deutsche Unternehmen, die in Emerging Markets tätig sind, im Kontext der neuen ESG-Vorgaben sowie im Kontext klassischer Compliance-Themen, wie Korruptionsvermeidung, ausgesetzt sind

Die Geschäftstätigkeit in Schwellenmärkten, sog. Emerging Markets, ist regelmäßig mit erhöhten Risiken verbunden. Dies liegt zum Teil an gesetzgeberischen Defiziten, überwiegend aber an einer nur sporadischen Beachtung gesetzlicher Vorgaben, nicht zuletzt infolge einer mangelhaften staatlichen Rechtsdurchsetzung. Aufgrund eines häufig bestehenden Machtgefälles und extremer wirtschaftlicher Ungleichheit steigt das Risiko von Ausbeutung und Korruption.

Diese Risiken bedeuten angesichts vermehrter gesetzlicher Vorgaben zur Einhaltung von Menschenrechten in der Lieferkette für Unternehmen das Erfordernis einer gesteigerten Aufmerksamkeit besonders im Hinblick auf eigene Niederlassungen, Geschäftspartner und Zulieferer in Emerging Markets. Anlass für eine genauere Überprüfung kann dabei sowohl ein außergewöhnlicher Vorgang wie ein beabsichtigter Unternehmenskauf sein, aber auch die schlichte Begründung oder Veränderung einer Geschäftsbeziehung. Anlass zu eigenen Aktivitäten können sich auch aus konkreten Beschwerden ergeben.

Vor diesem Hintergrund soll daher zunächst ein Überblick über die verschiedenen Anknüpfungspunkte für Compliance-Untersuchungen in Emerging Markets und Entwicklungsländern gegeben werden.

2.1 Transaktions- und Ad Hoc-Due Diligence

2.1.1 Transaktions-Due Diligence

Der Kauf eines Unternehmens oder wesentlicher Assets eines Unternehmens war schon immer Anlass für eine Due Diligence-Prüfung, bei der vorhandene Risiken entdeckt und bewertet werden müssen.

Hintergrundinformation
Frei übersetzt bedeutet der Begriff „Due Diligence" so viel wie „mit gebührender Sorgfalt". Ursprünglich wurde der Terminus hauptsächlich für den umfassenden Prüfprozess beim Erwerb eines Unternehmens verwendet. Mit dem Prüfprozess soll gewährleistet werden, dass das zu übernehmende Unternehmen seiner Tätigkeit in rechtlich einwandfreier Weise nachgekommen ist. Dazu wird das zu übernehmende Unternehmen im Wege einer Due Diligence u. a.

- rechtlich (etwa Prüfung von Verträgen und anhängigen Rechtsstreitigkeiten sowie Einhaltung relevanter Vorschriften)
- finanziell (etwa Prüfung von Jahresabschlüssen, Finanzierungsstruktur und Liquidität)
- wirtschaftlich (etwa Bewertung der Wettbewerbslandschaft, Wertschöpfungskette, des Produkts, Kundenanalyse und Marktlage des Zielobjekts) und
- operativ (Risiken und Potenziale in Bezug auf die Wertsteigerung des Zielobjekts)

genauestens überprüft.

In der Vergangenheit genügte es, den Kaufgegenstand selbst genau unter die Lupe zu nehmen. In der Praxis war mitunter zu beobachten, dass Unternehmen den Unternehmenskauf hauptsächlich aus einem strategischen Blickwinkel betrachteten. Der Unternehmenskauf sollte dazu dienen, einen neuen Markt zu erschließen oder Zugang zu neuen Produkten oder Know-how zu ermöglichen. Zuweilen ist Hauptziel auch die Verdrängung von Wettbewerbern. Nicht selten herrschte beim Unternehmenskauf aus Sicht der beteiligten Unternehmen Eile. Sollten ausländische Gesellschaften erworben werden, wurde mitunter die gebotene Sorgfalt

2.1 Transaktions- und Ad Hoc Due Diligence

vollkommen außer Acht gelassen. Oft blieben selbst Tochtergesellschaften oder Beteiligungen in Schwellen- und Entwicklungsländern aufgrund ihrer geringen wirtschaftlichen Bedeutung ganz außer Betracht oder wurden nur oberflächlich geprüft. Erst im Nachgang zu einem derartigen Unternehmenskauf stellte sich dann bisweilen heraus, dass in dem erworbenen, im Ausland belegenen Unternehmen die Dinge doch nicht so glatt liefen, wie man sich das vom deutschen Schreibtisch aus vorgestellt hatte.

Ein Anlass auch die weitere Lieferkette und den Schutz von Menschenrechten und der Umwelt mit in die Prüfung beim Unternehmenserwerb einzubeziehen, bestand bislang nicht.

Dies hat sich spätestens mit Inkrafttreten des Lieferkettensorgfaltspflichtengesetzes (LkSG) geändert. Es gehört zum Pflichtenkatalog im Rahmen eines Unternehmenskaufs auch ausländische Sachverhalte, wie die Gestaltung der Lieferbeziehungen und die Verhältnisse bei Zulieferern, im Rahmen einer ESG-Due Diligence mit zu berücksichtigen. Dies gebieten sowohl die gesetzlichen Anforderungen an die Einhaltung von Sorgfaltspflichten als auch die Risikovorsorge, da bei (unerkannten) Verstößen u. U. hohe finanzielle Forderungen auf den Unternehmenserwerber zukommen können. So normiert etwa das LkSG konkrete präventive Handlungspflichten (etwa Etablierung eines angemessenen Systems zum Risikomanagement) und darüber hinaus repressive Handlungspflichten im Umgang mit festgestellten oder vermuteten Verstößen, deren Nichteinhaltung bußgeldbewehrt ist. Damit sehen sich betroffene Unternehmen und möglicherweise sogar ihre Leitungsorgane neuen Haftungsrisiken ausgesetzt, die vor einem Unternehmenskauf unbedingt aufgedeckt werden sollten. Unternehmen muss nunmehr daran gelegen sein, sämtliche in Betracht kommenden Risiken, die sich aus einer Geschäftsbeziehung auch im weit entfernten Ausland ergeben, vollumfänglich aufzudecken, abzuwägen und erst auf der Grundlage der gewonnenen Ergebnisse Entscheidungen im Hinblick auf eine Transaktion zu treffen. Eine solche Entscheidung kann auch der Abbruch einer Transaktion wegen ESG-Bedenken sein.

Eine Alternative kann im Einzelfall die Verabredung extensiver vertraglicher Zusicherungen mit ESG-Bezug sein. Bislang erhalten viele Transaktionen bereits vertragliche Garantien und Zusicherungen in Bezug auf die Einhaltung von Gesetzen. Die signifikanten Risiken, auf die Unternehmen treffen, die in Emerging Markets oder Entwicklungsländern tätig sein wollen, werden bislang zumeist noch nicht umfassend abgedeckt. Da Gefährdungen und Verstöße im Hinblick auf Menschenrechte, Umwelt und Korruption von standardmäßigen Garantien nicht unbedingt miterfasst werden, bedürfen sie besonderer Regelung.

Künftig sollten Unternehmen auch reduzierten Due Diligence-Prüfungen mit Vorsicht begegnen. Mit diesen Prüfungen, die häufig aufgrund zeitlicher Eile oder zur Kostenminimierung in Betracht gezogen werden, wird über die Vereinbarung von Wertgrenzen üblicherweise die Prüfdichte reduziert. Mitunter führt dies dazu, dass bei dem Erwerb von Auslandsgesellschaften gewisse Risiken gar nicht mehr geprüft werden. Im Anblick der zunehmenden Verrechtlichung von ESG-Fragestellungen dürfte sich dies künftig als zunehmend problematisch erweisen, zumal ESG-Kriterien immer häufiger wesentlicher Teil von Merger & Acquisition (M&A)-Entscheidungen von Investoren und Finanzinstituten sind. Ihnen geht es dabei um den Ausschluss von Risiken in Bezug auf den Wert des zu übernehmenden Unternehmens, also um den Ausschluss finanzieller Risiken. Praktische Schwierigkeiten können entstehen, wenn verlässliche ESG-Daten fehlen. Auch das Fehlen weltweit verbindlicher Standards für ESG-Audits kann in der Praxis u. a. im Rahmen von Transaktionen Probleme bereiten.

2.1.2 Ad Hoc-Due Diligence

Due Diligence-Prüfungen erlangen indes nicht nur im Rahmen von Transaktionen Relevanz. Auch im Nachgang zu einer Transaktion sowie im Alltagsgeschäft, also unabhängig von einer Transaktion, kann es notwendig werden, eine sog. Ad Hoc-Due Diligence durchzuführen.

Im Rahmen von Vertragsbeziehungen mit Geschäftspartnern kommt es zur Ad Hoc-Due Diligence oftmals im Rahmen der Geschäftsanbahnung im Zuge des sog. Onboarding des Geschäftspartners. Anlass können neben der Änderung gesetzlicher Vorgaben zudem Veränderungen des Geschäftsumfelds sowie konkrete Vorfälle im Unternehmen selbst oder bei einer Tochtergesellschaft sein. Ad Hoc-Due Diligence-Prüfungen werden oft kurzfristig durchgeführt.

Wie vorliegend ausführlich veranschaulicht werden wird, können auch die neuen gesetzlichen Sorgfaltspflichten aus dem Bereich „Nachhaltigkeit" Anlass zu Ad Hoc-Due Diligence-Prüfungen geben, da die Sorgfaltspflichten überwiegend als dynamische Pflichten ausgestaltet sind, bei denen der Gesetzgeber Unternehmen zur Vermeidung, Prävention und Behebung von Menschenrechts- und Umweltrisiken verpflichtet. Unternehmen müssen die Einhaltung der Sorgfaltspflichten permanent gewährleisten. Um dies erfüllen zu können, sind Kontrollen in regelmäßigem Abstand nötig und Risikoanalysen fortlaufend durchzuführen. Auch im Falle von konkreten Beschwerden können Ad Hoc-Due Diligence-Prüfungen erforderlich werden.

2.1 Transaktions- und Ad Hoc Due Diligence

> **Beispiel**
>
> Denkbar ist etwa, dass bei einem deutschen Unternehmen vollkommen unabhängig von einer Transaktion der Verdacht aufkommt, dass Mitarbeiter in einer im Ausland belegenen Tochtergesellschaft möglicherweise in Korruptionshandlungen verwickelt sind. In diesem Fall kann zur Ermittlung des Sachverhalts eine Ad Hoc-Due Diligence durchgeführt werden. ◄

2.1.3 Besondere Risiken einer Due Diligence mit Auslandsbezug

Zu häufigen Fallstricken im Rahmen von Due Diligence-Prüfungen gehören u. a. eine lückenhafte oder ungenaue Datenbeschaffung und Datendokumentation, Analysemängel sowie übermäßiges Vertrauen in Zusicherungen Dritter. Diese Risiken potenzieren sich oftmals in Fällen mit Auslandsbezug, da bereits die Informationsbeschaffung mit praktischen Schwierigkeiten verbunden sein kann und sich als aufwendiger als bei rein inländischen Sachverhalten erweisen kann. Die Hürden sind umso größer, je weiter entfernt der Sachverhalt ist und umso deutlicher die ausländischen Standards von den heimischen Standards abweichen. In Schwellen- und Entwicklungsländern kann zudem der Zugang zu Beratern limitierter sein als im Inland.

> **Beispiel**
>
> Möchte ein deutsches Unternehmen ein in einem Emerging Market belegenes Unternehmen erwerben, muss vor der Entscheidung zur Übernahme etwa geprüft werden, ob das zu übernehmende Unternehmen seine geschäftlichen Erfolge nicht regelmäßigen Korruptionshandlungen, also Compliance-Verstößen, zu verdanken hat.
>
> Dazu sind gründliche Nachforschungen, idealerweise auch vor Ort, erforderlich, um Angaben des zu übernehmenden Unternehmens tatsächlich verifizieren zu können. Wie noch ausführlich erläutert werden wird, sollten für diese Nachforschungen ausreichende Ressourcen, u. a. ausreichend Zeit, eingeplant werden. ◄

2.2 Verrechtlichung unternehmerischer Tätigkeit

Anknüpfungspunkt für Compliance-Untersuchungen in Schwellen- und Entwicklungsländern sind diverse gesetzliche Vorgaben. Neben dem klassischen Compliance-Thema „Korruptionsvermeidung" handelt es sich um eine Vielzahl vergleichsweise neuer Regelungen aus dem breiten Themenfeld „Nachhaltigkeit". Gleich mehrere Gesezesvorhaben begründen umfangreiche neue Rechtspflichten für deutsche und europäische Unternehmen in den Bereichen Supply Chain Compliance und Nachhaltigkeitsberichterstattung.

2.2.1 Hintergrund der Verrechtlichung

Vor dem Hintergrund der Geschwindigkeit, mit der diese neuen Vorschriften zuletzt auf europäischer und nationaler Ebene auf den Weg gebracht wurden, stellt sich die Frage nach dem Ausgangspunkt dieser Entwicklungen.

Einführend lässt sich feststellen, dass die gesellschaftliche Sensibilität für Aspekte der Nachhaltigkeit in westlichen Ländern in den vergangenen Jahren stark gestiegen ist. Nachhaltigkeit begrenzt sich dabei nicht auf den Umweltschutz. Vielmehr berührt das Konzept ESG, wie bereits kurz geschildert, wesentlich vielfältigere Fragen, nämlich neben ökologischen (environmental) auch soziale (social) Themen der Unternehmensführung (governance). Immer mehr Verbraucher interessieren sich heute dafür, ob die Produkte und Dienstleistungen, die sie konsumieren oder in Anspruch nehmen, das Ergebnis nachhaltiger Unternehmensführung unter Achtung der Menschenrechte und Diversität sowie der Umwelt und des Klimaschutzes sind. Auch die Finanzindustrie interessiert sich zunehmend für die Nachhaltigkeitsperformance von Unternehmen und fordert von Unternehmen den Nachweis nachhaltiger Unternehmensführung ein, insbesondere um den Wert eines Unternehmens bestimmen und finanzielle Risiken ausschließen zu können.

Hintergrundinformation
Vor dem Hintergrund einer für das Thema „Nachhaltigkeit" sensibilisierten Medienlandschaft können sich Defizite in Nachhaltigkeitsfragen schnell zu einem massiven Reputationsschaden für betroffene Unternehmen entwickeln. So ist der tragische Einsturz des Gebäudes Rana Plaza in Bangladesch im Jahr 2013 mit 1135 Todesopfern und rund 2500 Verletzten bis heute in der deutschen Berichterstattung präsent. Die in dem Fabrikkomplex u. a. befindlichen Textilwerkstätten waren Zulieferer für diverse europäische und deutsche Textilunternehmen. Der geographisch weit entfernte Sachverhalt trat durch dieses verbindende Element in das Blickfeld europäischer Gesellschaften. In der Folge kamen in Europa verstärkt Fragen der Verantwortung europäischer Unternehmen für Produktions- und Arbeitsbedingungen

2.2 Verrechtlichung unternehmerischer Tätigkeit

in Emerging Markets und Entwicklungsländern auf. Europäische und deutsche Politiker forderten im Nachgang, dass die heimischen Unternehmen, die als Profiteur der Globalisierung gelten, deutlich mehr Verantwortung für Produktionsbedingungen im Ausland übernehmen. Das Beispiel illustriert, dass in den vergangenen Jahren ein Umdenken in der europäischen Öffentlichkeit stattgefunden hat und es nicht mehr nur darum geht, ESG-Faktoren an heimischen Unternehmensstandorten zu verankern, sondern auch darum, Nachhaltigkeit in der Liefer- und Wertschöpfungskette zu gewährleisten.

Parallel zum gestiegenen Verbraucher- und Investoreninteresse ist das Thema Nachhaltigkeit in der jüngeren Vergangenheit stark in den Fokus der Regulierung gerückt. Blickt man zeitlich etwas weiter zurück, fällt auf, dass auf internationaler und deutscher Ebene für Unternehmen zunächst noch rechtlich unverbindliche Vorgaben verabschiedet worden waren, die auf die freiwillige Kooperation der Unternehmen setzten. Auf internationaler Ebene handelte es sich um die Leitprinzipien für Wirtschaft und Menschenrechte der Vereinten Nationen (United Nations Guiding Principles on Business and Human Rights – UNGP) aus dem Jahr 2011. Auch die OECD (Organisation für wirtschaftliche Zusammenarbeit und Entwicklung) hatte in ihren Leitsätzen für multinationale Unternehmen (OECD Guidelines for Multinational Enterprises) Sorgfaltspflichten für Unternehmen entwickelt. Die deutsche Bundesregierung stellte wenig später, im Jahr 2016, den Nationalen Aktionsplan Wirtschaft und Menschenrechte (NAP) vor, mit dem die Leitprinzipien für Wirtschaft und Menschenrechte der Vereinten Nationen in Deutschland umgesetzt werden sollten. Ziel aller Vorhaben war es, Unternehmen ihre Verantwortung zur Achtung der Menschenrechte aufzuzeigen.

In der Mitte der deutschen Wirtschaft sind die unverbindlichen Nachhaltigkeitsinitiativen nie angekommen. Dem UN Global Compact Netzwerk Deutschland sind bis heute in Deutschland zwar bislang mehr als 1.100 Teilnehmer aus Wirtschaft, Zivilgesellschaft und Politik beigetreten. Sie haben das Ziel, Unternehmen dabei zu helfen, die Sustainable Development Goals (SDGs) der Vereinten Nationen strategisch in ihrer Unternehmenspraxis zu verankern. Während der NAP darauf abzielte, dass bis zum Jahr 2020 50 % aller in Deutschland ansässigen Unternehmen mit mehr als 500 Beschäftigten Aspekte menschenrechtlicher Sorgfalt in ihre Organisation einbinden, ergab das NAP Monitoring aus dem Berichtszeitraum 2018–2020, dass tatsächlich nur 13–17 % der Unternehmen Sorgfaltsaspekte in ihrer Unternehmenspraxis umgesetzt hatten. Im Umkehrschluss waren also 83–87 % der Unternehmen den Empfehlungen der Bundesregierung nicht gefolgt.

Die Bundesregierung sah sich auf Grundlage dieser eher mageren Bilanz veranlasst, den bisher gewählten Ansatz unverbindlicher Regelungen zugunsten einer Verrechtlichung mit Sanktionstatbeständen aufzugeben. Rechtspflichten für

Unternehmen sind nun zunehmend das Mittel der Wahl zur Verbesserung der Lebens-, Arbeits- und Umweltbedingungen auch in unterprivilegierten Ländern der Welt. Das erste Ergebnis des Strategiewechsels – die Verabschiedung des LkSG im Jahr 2021 – ließ nicht lange auf sich warten.

Weiter verrechtlicht wurden Nachhaltigkeitsfragen zeitgleich auch auf europäischer Ebene. Die Umgestaltung der europäischen Wirtschaft hin zu mehr Nachhaltigkeit steht seit der Verabschiedung des sog. Green Deal im Jahr 2019 weit oben auf der Agenda der EU. Innerhalb weniger Jahre wurden zuletzt umfassende neue Rechtspflichten für Unternehmen geschaffen.

Oftmals handelt es sich um Berichtspflichten für Unternehmen, etwa auf Grundlage der EU-Taxonomie Verordnung (Verordnung (EU) 2020/852) aus Juni 2020, der im Januar 2023 in Kraft getretenen Richtlinie über die Nachhaltigkeitsberichterstattung (Corporate Sustainability Reporting Directive (CSRD) – Richtlinie (EU) 2022/2464) und der zuletzt dazu im Juli 2023 veröffentlichten Europäischen Standards für die Nachhaltigkeitsberichterstattung (European Sustainability Reporting Standards – ESRS).

Zusätzlich zum deutschen Gesetzgeber widmet sich die EU außerdem dem Thema nachhaltige Lieferketten. Bereits im Jahr 2017 wurde dazu die EU-Konfliktmineraleverordnung (Verordnung (EU) 2017/821) verabschiedet. Die EU-Entwaldungsverordnung (Verordnung (EU) 2023/1115) folgte im Juni 2023. Auf EU-Ebene wird derzeit zudem über einen Vorschlag für eine Richtlinie über die Sorgfaltspflichten von Unternehmen im Hinblick auf Nachhaltigkeit (Corporate Sustainability Due Diligence Directive – CSDDD – „EU-Lieferkettenrichtlinie") beraten. Mehrere weitere Gesetzesvorhaben aus dem Bereich nachhaltige Lieferketten wurden kürzlich oder werden auf EU-Ebene momentan auf den Weg gebracht, nämlich die EU-Verordnung über Batterien und Altbatterien (Verordnung (EU) 2023/1542) und die EU-Verordnung zum Verbot von in Zwangsarbeit hergestellten Produkten auf dem Unionsmarkt.

2.2.2 Folgen für Unternehmen

Die Zusammenschau dieser rechtlichen Entwicklungen verdeutlicht, dass auf Unternehmen künftig noch deutlich umfassendere Rechtspflichten zukommen werden.

Neben stetig wachsenden Compliance-Risiken sind Unternehmen durch die neuen Gesetzesvorhaben auch mit einem beträchtlichen Umsetzungs- und Erfüllungsaufwand in compliance-rechtlicher Hinsicht konfrontiert, der interne Ressourcen bindet und oftmals auch die Einschaltung externer Dienstleister erforderlich macht.

2.2 Verrechtlichung unternehmerischer Tätigkeit

Gemein ist den neuen europäischen und nationalen Gesetzeswerken und -entwürfen, dass sie verstärkt Sorgfalts- und Berichtspflichten auch für kleinere und mittlere Unternehmen enthalten und teils sogar diese Unternehmen verpflichten, den eigenen Geschäftsbetrieb sowie den von Zulieferern und Geschäftspartnern im In- und Ausland, also auch in Emerging Markets und Entwicklungsländern, zur Erfüllung von Sorgfalts- und Berichtspflichten genauestens unter die Lupe zu nehmen.

▶ **Wichtig**
Wichtig ist, dass die tatsächlich erforderliche Prüfdichte zur Erfüllung von Sorgfalts- und Berichtspflichten von Unternehmen zu Unternehmen stark variiert. Dies liegt u. a. daran, dass insbesondere aus geographischer Perspektive im Einzelfall unterschiedliche Gefährdungslagen vorliegen:
Ein Unternehmen mit Sitz in Deutschland, das hauptsächlich im Inland tätig ist und nur einige wenige in den USA und Kanada ansässige Zulieferer hat, ist etwa im Hinblick auf seine Lieferkette einer ganz anderen Gefährdungslage ausgesetzt als ein Unternehmen, das insgesamt 10.000 Mitarbeiter beschäftigt und Produktionsstandorte in Emerging Markets und Entwicklungsländern unterhält, in denen prekäre Lebens-, Arbeits- und Umweltbedingungen herrschen und Korruption zum Lebens- und Wirtschaftsalltag gehört.

Die Devise für Unternehmen lautet also schon heute: Hinsehen statt Wegsehen. Und zwar nicht nur in Bezug auf den Geschäftsbetrieb in der EU, sondern in stetig steigendem Maße insbesondere auch in Bezug auf außereuropäische Geschäftsaktivitäten, die regelmäßig wesentlich risikobehafteter sind. Ein Wegsehen dürfte aufseiten von Unternehmen und Leitungsorganen im neuen Nachhaltigkeitszeitalter gleichbedeutend mit einer Inkaufnahme von Compliance- und Haftungsrisiken sein.

2.2.3 Verbindendes Element der neuen Regelungen

Für Unternehmen und Verantwortliche in Leitungsfunktionen, in Compliance- und Rechtsabteilungen und in Beschaffungsabteilungen kann die Vielzahl der neuen Gesetzesvorhaben überwältigend sein. Es entsteht der Eindruck, dass es sich um einen Dschungel neuer Vorschriften handelt. Bei näherem Hinsehen zeigt sich aber, dass sich die in den Vorgaben normierten Rechtspflichten oftmals ähneln und ähnliche Konzepte nur in jeweils unterschiedlichem Kontext behandelt werden müssen.

Das verbindende Element vieler neuer gesetzlicher Regelungen sind Sorgfalts- und Berichtspflichten. Unternehmen müssen Risikomanagementsysteme einrichten, Risikoanalysen durchführen, Grundsatzerklärungen formulieren und veröffentlichen, Präventionsmaßnahmen umsetzen, Abhilfemaßnahmen ergreifen, effektive Beschwerdeverfahren einrichten und ihre Erkenntnisse dokumentieren und darüber Bericht erstatten. Um all dies belastbar tun zu können, sind umfassende Nachforschungen, also Untersuchungen, insbesondere im bislang wenig beachteten und geographisch weit entfernten Ausland notwendig.

Die Praxis zeigt, dass Unternehmen im Ausgangspunkt im Umgang mit den neuen Rechtspflichten in technischer Hinsicht einen ganzheitlichen Ansatz wählen sollten. Das heißt, dass sowohl interne Zuständigkeiten als auch die für das Compliance-Management zu etablierenden und ständig fortzuentwickelnden Systeme und Prozesse zunächst entsprechend allgemeiner und verbindender Sorgfaltspflichten entwickelt werden sollten.

Der folgende Abschnitt enthält einen Überblick zu den für Unternehmen wesentlichen Regelungen aus dem Bereich Supply Chain Compliance. Im Zentrum stehen die gesetzlichen Pflichten für Unternehmen und die infolge der Neuregelungen für Unternehmen entstehenden Compliance-Risiken, insbesondere in Bezug auf Tätigkeiten in Emerging Markets und in Entwicklungsländern. Beleuchtet wird auch die Rolle interner Untersuchungen im Rahmen der Erfüllung und Umsetzung der neuen Rechtspflichten in der Unternehmenspraxis.

2.3 Supply Chain Compliance

Gleich mehrere neue Gesetzeswerke bzw. Gesetzesinitiativen verpflichten Unternehmen zur sog. Supply Chain Compliance bzw. sollen dies künftig tun.

▶Der englische Begriff Supply Chain bedeutet auf Deutsch „Lieferkette". Unter Supply Chain Compliance wird daher die Einhaltung der rechtlichen Vorgaben in Bezug auf Lieferketten verstanden.
Sinn und Zweck von Compliance-Anforderungen im Bereich von Lieferketten ist insbesondere die Achtung international anerkannter Menschenrechte und Umweltschutzvorgaben mit dem Ziel, Risiken vorzubeugen oder zu minimieren oder Verletzungen von Menschenrechten oder Umweltbelangen zu beenden.

2.3 Supply Chain Compliance

Für Unternehmen waren Lieferketten schon immer wichtig. Im Zentrum stand klassischerweise die Gewährleistung von Versorgungssicherheit, Versorgungsgeschwindigkeit und Kosteneffizienz. Allerdings haben nur wenige Unternehmen ihre Lieferketten in der Vergangenheit in Bezug auf Menschenrechtsverletzungen und Umweltgefährdungen untersucht. Daher verfügen auch nur wenige Unternehmen bisher über ausgewiesene Supply Chain-Experten, die Lieferketten entsprechend der neuen gesetzlichen Verpflichtungen überwachen und überprüfen können. Die Sicherstellung einer im rechtlichen Sinne einwandfreien, internationalen Lieferkette im Rahmen der Supply Chain Compliance stellt viele Unternehmen daher in der Praxis noch vor große Herausforderungen.

2.3.1 Lieferkettensorgfaltspflichtengesetz

Das LkSG ist am 01.01.2023 in Deutschland in Kraft getreten. Primärer Gesetzeszweck ist eine Verbesserung der weltweiten Menschenrechtslage. Mit dem Gesetz werden zudem die Themen Umweltschutz und Korruptionsbekämpfung erfasst, sofern diese ausdrücklich in Bezug genommen werden oder unmittelbare Wirkung auf Menschenrechte haben.

Mit dem LkSG verpflichtet der deutsche Gesetzgeber in Deutschland ansässige Unternehmen ab einer bestimmten Größe zur Implementierung von Sorgfaltspflichten in Bezug auf ihre Lieferketten. Hintergrund ist, dass der Gesetzgeber auch Unternehmen in der Verantwortung bezüglich der Wahrung und Gewährleistung international anerkannter Menschenrechte sieht. Dies steht in Einklang mit den Leitprinzipien für Wirtschaft und Menschenrechte der Vereinten Nationen, die neben den Staaten auch Unternehmen in der Pflicht sehen, Menschenrechte zu schützen.

Aus dem LkSG können sich diverse Anknüpfungspunkte für Compliance-Untersuchungen im Ausland ergeben.

2.3.1.1 Anwendungsbereich
2.3.1.1.1 Persönlicher Anwendungsbereich

Bevor Unternehmen sich mit den nach den LkSG geschuldeten Compliance-Maßnahmen auseinandersetzen, müssen sie zunächst prüfen, ob sie selbst überhaupt in den Anwendungsbereich des LkSG fallen. Wesentliche Voraussetzungen für die Anwendbarkeit des LkSG sind die Ansässigkeit des Unternehmens in Deutschland und die Anzahl der von dem Unternehmen beschäftigten Mitarbeiter.

In örtlicher Hinsicht gilt das LkSG – unabhängig von der gewählten Rechtsform – für Unternehmen, die ihre Hauptverwaltung, ihre Hauptniederlassung, ihren Verwaltungssitz oder ihren satzungsmäßigen Sitz in Deutschland haben. Ausländische Unternehmen fallen in den Anwendungsbereich des LkSG, wenn sie eine Zweigniederlassung i.S. des § 13d HGB in Deutschland haben.

Zweite Anwendungsvoraussetzung ist das Erreichen gewisser Arbeitnehmerschwellenwerte. Bereits seit dem 01.01.2023 gilt das LkSG für alle Unternehmen, die mindestens 3.000 Arbeitnehmer in Deutschland beschäftigen. Das LkSG gilt seit dem 01.01.2024 zusätzlich für alle Unternehmen, die mindestens 1.000 Arbeitnehmer in Deutschland beschäftigen. Bei der Bestimmung der Anzahl der beschäftigten Arbeitnehmer sind leitende Angestellte, Teilzeitarbeitnehmer, ins Ausland entsandte Arbeitnehmer (nicht jedoch bei Zweigniederlassungen) und Leiharbeitnehmer mit einer Einsatzdauer über sechs Monate, nicht aber freie Mitarbeiter und Auszubildende einzubeziehen (§ 1 Abs. 2). Im Falle von verbundenen Unternehmen i.S. des § 15 AktG müssen die in Deutschland Beschäftigten aller konzernangehörigen Gesellschaften im Rahmen der Ermittlung der Arbeitnehmeranzahl der Obergesellschaft einbezogen werden (§ 1 Abs. 3).

▶ **Wichtig**
Auch Unternehmen, die nicht unmittelbar in den Anwendungsbereich des LkSG fallen, können mittelbar von den Sorgfaltspflichten des LkSG betroffen sein. Hintergrund ist, dass die unmittelbar unter den Anwendungsbereich des Gesetzes fallenden, größeren Unternehmen bei der Umsetzung der eigenen gesetzlich geschuldeten Sorgfaltspflichten auf die Unterstützung ihrer Zulieferer angewiesen sind. Diese werden sich die Einhaltung der Sorgfaltspflichten etwa im Rahmen von Informationspflichten vertraglich von ihren Zulieferern unabhängig von deren Unternehmensgröße zusichern lassen.

Auch für kleine und mittlere Unternehmen kann aus dem Inkrafttreten des LkSG daher ein deutlicher Erfüllungsaufwand folgen, sofern sie als in- oder ausländischer Zulieferer für größere deutsche Unternehmen tätig sind. Berichterstattungs- und Offenlegungspflichten gegenüber Behörden treffen kleine und mittlere Unternehmen unterhalb der Schwellenwerte aber ebenso wenig wie behördliche Kontrollen und Sanktionen.

2.3.1.1.2 Sachlicher Anwendungsbereich

Unternehmen, die in den persönlichen Anwendungsbereich des LkSG fallen, müssen die im LkSG festgelegten menschenrechtlichen und umweltbezogenen Sorgfaltspflichten innerhalb ihrer Lieferketten in angemessener Weise beachten,

2.3 Supply Chain Compliance

mit dem Ziel, menschenrechtlichen oder umweltbezogenen Risiken vorzubeugen, sie zu minimieren oder die Verletzung menschenrechtsbezogener oder umweltbezogener Pflichten zu beenden (§ 3 Abs. 1).

2.3.1.1.2.1 Lieferkette

Der Begriff „Lieferkette" erfasst sowohl den eigenen Geschäftsbereich des Unternehmens als auch die unmittelbaren und mittelbaren Zulieferer. Umfasst sind alle Schritte im In- und Ausland, die zur Herstellung der Produkte und zur Erbringung der Dienstleistungen erforderlich sind, angefangen von der Gewinnung der Rohstoffe bis zur Lieferung an den Endkunden (§ 2 Abs. 5).

Der eigene Geschäftsbereich eines Unternehmens wird definiert als „jede Tätigkeit eines Unternehmens zur Erreichung des Unternehmensziels" (§ 2 Abs. 6). Erfasst ist damit jede unternehmerische Tätigkeit zur Herstellung und Verwertung von Produkten und zur Erbringung von Dienstleistungen, unabhängig davon, ob sie an einem Standort im In- oder Ausland vorgenommen wird (§ 2 Abs. 6 S. 2).

Zur Lieferkette gehören außerdem die unmittelbaren Zulieferer eines aus dem LkSG verpflichteten Unternehmens. Dies sind Partner eines Vertrages über die Lieferung von Waren oder die Erbringung von Dienstleistungen, deren Zulieferungen für die Herstellung des Produktes des Unternehmens oder zur Erbringung oder Inanspruchnahme der betreffenden Dienstleistung notwendig sind (§ 2 Abs. 7).

Auch mittelbare Zulieferer werden vom Begriff der Lieferkette erfasst. Dabei handelt es sich um jedes Unternehmen, das kein unmittelbarer Zulieferer ist und dessen Zulieferungen für die Herstellung des Produktes des Unternehmens oder zur Erbringung und Inanspruchnahme der betreffenden Dienstleistung notwendig sind (§ 2 Abs. 8). Zwischen Unternehmen und mittelbarem Zulieferer besteht anders als zwischen Unternehmen und unmittelbarem Zulieferer keine unmittelbare Vertragsbeziehung.

2.3.1.1.2.2 Menschenrechtliche und umweltbezogene Risiken

Das LkSG verpflichtet Unternehmen im Wege von Sorgfaltspflichten zur Vorbeugung bzw. Minimierung menschenrechtlicher oder umweltbezogener Risiken bzw. zur Beendigung der Verletzung menschenrechtsbezogener oder umweltbezogener Pflichten (vgl. § 3 Abs. 1).

Ein menschenrechtliches bzw. umweltbezogenes Risiko wird definiert als Zustand, bei dem aufgrund tatsächlicher Umstände mit hinreichender Wahrscheinlichkeit ein Verstoß gegen ein menschenrechtliches bzw. umweltbezogenes Verbot vorliegt (§ 2 Abs. 2 und 3). Eine Verletzung ist gegeben, wenn ein

Verstoß gegen eines der in § 2 Abs. 2 genannten Verbote bzw. gegen eine in Abs. 3 genannte umweltbezogene Pflicht vorliegt (§ 2 Abs. 4). Das LkSG verweist für seine jeweiligen Schutzgüter auf die Anlage des Gesetzes, in der diverse völkerrechtliche Verträge zum Schutz von Menschenrechten aufgelistet sind.

Die menschenrechtlichen Verbote sind detailliert aufgeführt und beinhalten Verbote in Bezug auf Kinderarbeit, schlimmste Formen der Kinderarbeit, Beschäftigung von Personen in Zwangsarbeit, Sklaverei, Missachtung von Arbeitsschutzpflichten, Missachtung der Koalitionsfreiheit, Ungleichbehandlung, Vorenthalten eines angemessenen Lohns, bestimmte Formen von Umweltdelikten, widerrechtliche Zwangsräumung und in Bezug auf den Einsatz von Sicherheitskräften unter bestimmten Bedingungen. Normiert ist zudem ein Auffangtatbestand (§ 2 Abs. 2).

Die umweltbezogenen Verbote betreffen Chemikalien und Quecksilber sowie Abfall.

▶ **Wichtig**
Im Kontext von Emerging Markets und Entwicklungsländern dürften regelmäßig (erhebliche) menschenrechtliche und ggfls. zusätzlich umweltbezogene Risiken bestehen. Dass diese Risiken nur schlecht vom deutschen Schreibtisch aus beurteilt werden können, dürfte auf der Hand liegen. Unternehmen müssen daher deutlich intensivere Anstrengungen unternehmen, um die vor Ort existierenden Risiken überhaupt zutreffend und zuverlässig einschätzen zu können.

Im Anschluss an eine abstrakte Untersuchung der branchen- und länderspezifischen Risiken anhand öffentlich zugänglicher Informationen dürften zur Ermittlung der Risiken regelmäßig auch Gespräche vor Ort erforderlich werden, etwa mit Botschaften, Auslandshandelskammern (AHKs), Gewerkschaften und Nichtregierungsorganisationen, unmittelbaren Zulieferern und anderen Unternehmen, z. B. im Rahmen von Brancheninitiativen.

2.3.1.2 Sorgfaltspflichten für Unternehmen
Das LkSG verpflichtet betroffene Unternehmen zur Einhaltung diverser Sorgfaltspflichten mit dem Ziel, menschenrechtlichen und umweltbezogenen Risiken vorzubeugen, sie zu minimieren oder deren Verletzung zu beenden (§ 3). Wichtig ist, dass das Gesetz von Unternehmen fordert, dass sich diese nach ihrem eigenen Ermessen bemühen, in ihren Lieferketten keine Menschenrechte oder umweltbezogenen Rechte zu verletzen. Eine Erfolgs- oder Garantiepflicht enthält

2.3 Supply Chain Compliance

das LkSG außerhalb des eigenen Geschäftsbereichs demgegenüber nicht. Unternehmen müssen also nicht garantieren, dass in ihrer Lieferkette zu jeder Zeit Menschenrechte allumfassend gewahrt werden.

> **Übersicht**
> Die statuierten Sorgfaltspflichten beziehen sich auf die gesamte Lieferkette und beinhalten folgende Maßnahmen:
>
> - Einrichtung eines Risikomanagementsystems (§ 4 Abs. 1)
> - Festlegung der betriebsinternen Zuständigkeit (§ 4 Abs. 3)
> - Durchführung regelmäßiger Risikoanalysen (§ 5)
> - Verabschiedung einer Grundsatzerklärung zur Menschenrechtsstrategie (§ 6 Abs. 2)
> - Verankerung von Präventivmaßnahmen im eigenen Geschäftsbereich und gegenüber unmittelbaren Zulieferern (§ 6 Abs. 1, 3, 4)
> - Ergreifung von Abhilfemaßnahmen bei festgestellten Verstößen (§ 7)
> - Einrichtung eines Beschwerdeverfahrens zur Mitteilung von Verstößen (§ 8)
> - Umsetzung von Sorgfaltspflichten hinsichtlich Risiken bei mittelbaren Zulieferern (§ 9)
> - Dokumentation und Berichterstattung für die Erfüllung der Sorgfaltspflichten (§ 10 Abs. 1, 2)

Der Umfang der Sorgfaltspflichten richtet sich nach der Einflussmöglichkeit des betroffenen Unternehmens im Einzelfall. Hintergrund ist, dass die Fähigkeit zur Einflussnahme auf Risiken bei den gesetzlich normierten Anknüpfungspunkten (Handeln im eigenen Geschäftsbereich, Handeln des unmittelbaren Zulieferers und Handeln des mittelbaren Zulieferers) durchaus unterschiedlich ausgeprägt ist. Handelt das Unternehmen im eigenen Geschäftsbereich, gelten die intensivsten Sorgfaltspflichten, weil im eigenen Geschäftsbereich die Möglichkeit der Einflussnahme am ausgeprägtesten ist. Ein Großteil der Sorgfaltspflichten ist auch hinsichtlich des unmittelbaren Zulieferers anwendbar, weil betroffene Unternehmen hier Einfluss jedenfalls über vertragliche Klauseln und Audits nehmen können. Auf mittelbare Zulieferer, mit denen betroffene Unternehmen regelmäßig keine direkten vertraglichen Beziehungen eingehen, bestehen hingegen nur beschränkte Einwirkungsmöglichkeiten. Diesen Umstand hat auch der Gesetzgeber berücksichtigt und vorgesehen, dass betroffene Unternehmen in Bezug auf ihre mittelbaren Zulieferer Sorgfaltspflichten überwiegend nur bei „substantiierter Kenntnis" über mögliche Verletzungen menschenrechtlicher oder umweltbezogener Pflichten treffen. Dann sind anlassbezogen unverzüglich eine Risikoanalyse durchzuführen, angemessene Präventionsmaßnahmen gegenüber dem Verursacher zu verankern, ein Konzept zur Verhinderung, Beendigung oder Minimierung zu erstellen und umzusetzen und ggfls. entsprechend der Grundsatzerklärung zu aktualisieren (§ 9 Abs. 3).

Risikounabhängig müssen betroffene Unternehmen ein angemessenes, unternehmensinternes Beschwerdeverfahren für Handeln im eigenen Geschäftsbereich und das Handeln des unmittelbaren Zulieferers einrichten (§ 8). Außerdem muss das Beschwerdeverfahren so eingerichtet werden, dass dort auch Hinweise auf menschenrechtliche oder umweltbezogene Risiken sowie Verletzungen menschenrechtsbezogener oder umweltbezogener Pflichten in Bezug auf das Handeln eines mittelbaren Zulieferers eingehen können (§ 9 Abs. 1).

Unternehmen haben jährlich einen Bericht über die Erfüllung ihrer Sorgfaltspflichten in deutscher Sprache und elektronisch über einen von der zuständigen Behörde (Bundesamt für Wirtschaft und Ausfuhrkontrolle – BAFA) bereitgestellten Zugang bis spätestens vier Monate nach dem Schluss des Geschäftsjahres, auf das er sich bezieht, einzureichen (§§ 10, 12). Der Bericht ist auf der Internetseite des Unternehmens sieben Jahre kostenfrei bereit zu stellen (§ 10 Abs. 2).

2.3.1.3 Zuständige Behörde

Das BAFA ist als zuständige Behörde für die Umsetzung des LkSG verantwortlich. Bei der Wahrnehmung der übertragenen Aufgaben verfolgt das BAFA einen risikobasierten Ansatz (§ 19 Abs. 2).

Das BAFA kann sowohl von Amts wegen tätig werden als auch auf Antrag (§ 14) und hat neben der Überprüfung der Berichte auch Kontrollen durchzuführen, um festzustellen, ob in den Unternehmen ein geeignetes Risikomanagement betrieben wird. Es kann den entsprechenden Unternehmen konkrete Handlungen zur Herstellung eines gesetzeskonformen Zustands auferlegen (§ 15). Zu diesem Zweck stehen dem BAFA umfangreiche Auskunfts- und Betretensrechte zu (§§ 15–17). Das BAFA ist zudem zur Verhängung von Zwangsgeldern in Höhe von bis zu 50.000 € befugt (§ 23).

Darüber hinaus werden branchenübergreifende oder -spezifische Informationen, Hilfestellungen und Empfehlungen (§ 20) durch das BAFA veröffentlicht.

2.3.1.4 Sanktionen

Bei vorsätzlichen oder fahrlässigen Verstößen gegen das LkSG sieht das Gesetz die Anordnung von Bußgeldern vor. Das BAFA kann bei Verstößen gegen

2.3 Supply Chain Compliance

Sorgfalts- und Berichterstattungspflichten, Bußgelder von bis zu 800.000 € auferlegen (§ 24). Unter gewissen Umständen kann ein Bußgeld in Höhe von 2 % des durchschnittlichen Jahresumsatzes angeordnet werden (§ 24 Abs. 3).

Ferner droht Unternehmen bei Verstößen der Ausschluss von öffentlichen Ausschreibungen (§ 22). Dieser Ausschluss kann bis zu einer Höchstgrenze von drei Jahren erfolgen und kann Unternehmen wirtschaftlich empfindlich treffen.

Eine Pflichtverletzung nach dem LkSG begründet keine zivilrechtliche Haftung und das LkSG sieht keine zivilrechtlichen Haftungserweiterungen vor (§ 3 Abs. 3). Betroffene können aber im Wege der besonderen Prozessstandschaft unter gewissen Voraussetzungen inländische Gewerkschaften und Nichtregierungsorganisationen zur Führung von Zivilprozessen ermächtigen (§ 11).

2.3.1.5 Compliance-Anforderungen an Unternehmen

Für Unternehmen ist die Umsetzung der durch das LkSG aufgestellten Sorgfaltspflichten mit erheblichem Erfüllungsaufwand verbunden, wobei für die Erfüllung der Sorgfaltspflichten ein risikobasierter Ansatz sowie die Prinzipien der Angemessenheit und Wirksamkeit gelten. Angemessenheit wird einzelfallbezogen definiert unter Zugrundelegung gesetzlich definierter Kriterien, u. a. Art und Umfang der Geschäftstätigkeit sowie Einflussvermögen des betroffenen Unternehmens auf den unmittelbaren Verursacher einer Verletzung. Dadurch kann der Situation im Einzelfall, der großen Bandbreite an Lieferketten und auch unterschiedlichen Einflussmöglichkeiten (etwa Machtgefällen in der Lieferkette) Rechnung getragen werden.

▶ **Wichtig**
Der tatsächliche Aufwand zur Erfüllung der Pflichten wird von Unternehmen zu Unternehmen stark variieren. Verallgemeinernd lässt sich sagen, dass die Prüfdichte für Unternehmen, deren Zulieferer in der EU ansässig sind, regelmäßig wesentlich geringer ausfallen dürfte als für Unternehmen, die auf Zulieferer in Schwellenländern oder Entwicklungsländern zurückgreifen.

Auch dürften gewisse Branchen oder Produkte risikobehafteter sein als andere. Risikoerhöhend dürfte sich auswirken, wenn bereits zu einem früheren Zeitpunkt Missstände mit Bezug zu Menschenrechten und Umwelt beim unmittelbaren Zulieferer bekannt geworden sind, etwa auch weil Klagen anhängig gemacht wurden oder die lokale Presse über einschlägige Versäumnisse berichtet hat. Ob entsprechende Vorfälle aufgetreten sind, muss regelmäßig auch vor Ort im Wege von Untersuchungen ermittelt werden.

Auch wenn immer wieder betont wird, dass es sich bei den Sorgfaltspflichten nur um Bemühenspflichten handelt, müssen Unternehmen, die in den Anwendungsbereich des LkSG fallen, die neuen Rechtspflichten ernstnehmen. Dies verdeutlicht auch die Ausgestaltung der Berichtspflicht, nach der im Bericht auch plausibel dargelegt werden muss, warum ein Unternehmen im Berichtszeitraum kein menschenrechtliches oder umweltbezogenes Risiko oder keine Verletzung einer menschenrechtlichen oder umweltbezogenen Pflicht festgestellt hat. Pauschale Aussagen ohne Einzelfallbezug, bspw. unter Verweis auf öffentlich zugängliche Länderindizes, werden im Rahmen der Beantwortung des vom BAFA veröffentlichten strukturierten Fragebogen sicherlich nicht genügen.

Ganz wesentlich für die Erfüllung der Sorgfaltspflichten ist – wie regelmäßig bei Compliance-Maßnahmen – die Einbeziehung der Geschäftsleitung. Das Unternehmen muss dafür Sorge tragen, dass die Ergebnisse einer im Rahmen des Risikomanagements durchgeführten Risikoanalyse intern an maßgebliche Entscheidungsträger, zum Beispiel an den Vorstand oder an die Einkaufsabteilung, kommuniziert werden (§ 5 Abs. 3). Die Geschäftsleitung muss sich zudem regelmäßig und wenigstens jährlich über die Arbeit der für das Risikomanagement zuständigen Person informieren (§ 4 Abs. 3).

Auch ansonsten ist eine regelmäßige Beschäftigung mit dem LkSG erforderlich: In Bezug auf den eigenen Geschäftsbereich und unmittelbare Zulieferer muss die Risikoanalyse wenigstens einmal jährlich und zusätzlich dazu anlassbezogen durchgeführt werden, wenn das Unternehmen mit einer wesentlich veränderten oder wesentlich erweiterten Risikosituation in der Lieferkette rechnen muss (§ 5 Abs. 4). Beispielhaft genannt wird die Einführung neuer Produkte, die Umsetzung neuer Projekte oder die Bedienung eines neuen Geschäftsfeldes. Auch Beschwerden sind zu berücksichtigen. Unternehmensintern muss die Erfüllung der Sorgfaltspflichten fortlaufend dokumentiert werden und die Dokumentation ab ihrer Erstellung mindestens sieben Jahre lang aufbewahrt werden (§ 10).

Manch deutsches Unternehmen mag angesichts der neuen Rechtspflichten mit dem Gedanken spielen, sich aus Schwellenländern und Entwicklungsländern möglicherweise komplett zurückzuziehen und entsprechende Geschäftsbeziehungen abzubrechen. Der Gesetzgeber hat diesen Gedanken aufgegriffen und normiert, dass sogar bei Menschenrechtsverstößen ein Abbruch der Geschäftsbeziehung nur dann erforderlich ist, wenn es sich um sehr schwerwiegende Verletzungen oder Verstöße handelt, Abhilfeversuche innerhalb der dafür vorgesehenen Zeit keine Wirkung erzielen, keine weiteren mildern Mittel verfügbar sind und eine Erhöhung des Einflussvermögens auch nicht aussichtsreich ist (§ 7 Abs. 3). Es gilt der sog. Grundsatz „Befähigung vor Rückzug". Ausdrücklich normiert wird auch, dass die bloße Tatsache, dass ein Staat ein in der Anlage zum

2.3 Supply Chain Compliance

LkSG aufgeführtes Übereinkommen nicht ratifiziert hat oder nicht in nationales Recht umgesetzt hat, grundsätzlich nicht zum Abbruch der Geschäftsbeziehung verpflichtet (§ 7 Abs. 3). In der Praxis kann sich ein Fortführen der Geschäftsbeziehung vor Ort insbesondere im Falle schwerwiegender Verletzungen oder Verstöße indes als risikoreich erweisen, da Sanktionen drohen und daraus wiederum massive Reputationsschäden resultieren können. Für Unternehmen kann die Fortführung der Geschäfte auch dann schwierig sein, wenn vor Ort keine zuverlässigen Ansprech- und Kooperationspartner vorhanden sind und sie in der Folge bereits bei der Ermittlung der Risiken auf sich alleine gestellt sind.

Das LkSG verdeutlicht an diversen Stellen, dass betroffene Unternehmen sich in jedem Fall der Risiken in ihrer Lieferkette bewusst werden und bei der Feststellung von Risiken ein Bemühen zur Risikobehebung bzw. -minimierung demonstrieren können müssen. Dies muss durch die Implementierung angemessener präventiver Maßnahmen geschehen, einschließlich der Verabschiedung einer Grundsatzerklärung über die eigene Menschenrechtsstrategie (§ 6). Im eigenen Geschäftsbereich sind zudem die Umsetzung der Menschenrechtsstrategie, sowie Verhaltenskodizes, Beschaffungsstrategien und Schulungen an allen Standorten des Unternehmens sowie die Durchführung von Kontrollmaßnahmen erforderlich. Wird ein Risiko festgestellt, ist von unmittelbaren Zulieferern u. a. eine vertragliche Zusicherung zur Einhaltung von menschenrechtlichen und umweltbezogenen Standards einzuholen.

▶ **Tipp**
Unternehmen sind gut beraten, für die Erfüllung der Sorgfaltspflichten in einem ersten Schritt auf diverse kostenlose Informations- und Unterstützungsangebote zurückzugreifen. Unbedingt beachtet werden sollten die diversen Handreichungen des BAFA zum LkSG.
Auch das Bundesministerium für Arbeit und Soziales (BMAS) hat weiterführende Hinweise veröffentlicht. Umfangreiche Hilfsangebote bietet außerdem das Helpdesk Wirtschaft und Menschenrechte als kostenloses Unterstützungsangebot der Bundesregierung an, etwa in Gestalt individueller Schulungen oder kostenfreier und vertraulicher Beratungen. Auch die Internationale Arbeitsorganisation (IAO) veröffentlicht auf ihrem Internetauftritt Informationen zu diversen für das LkSG relevanten Menschenrechtsrisiken sowie eine Vielzahl von Länderberichten. Eine wichtige Rolle nehmen auch Brancheninitiativen ein, etwa die Branchendialoge der Automobilindustrie.

Diese Hilfsangebote können als Ausgangspunkt bei der Erfüllung der eigenen Sorgfaltspflichten herangezogen werden. Auch nach Auffassung des BAFA reichen indes diese allgemeinen Informationsquellen nicht aus, die konkreten Risiken in der eigenen Lieferkette zu beurteilen. Eigene Nachforschungen sind daher unerlässlich.

Interne Untersuchungen kommen im Kontext des LkSG sowohl in präventiver Hinsicht als auch in repressiver Hinsicht in Betracht. Sie können Unternehmen bei der Erstellung der Risikoanalyse und der Bewertung der Angemessenheit von Risikomaßnahmen helfen. Auch im Falle von Beschwerden sind interne Untersuchungen von zentraler Bedeutung.

2.3.2 Vorschlag zur EU-Lieferkettenrichtlinie

Auf Ebene der EU wird derzeit eine europäische Lieferkettenrichtlinie ausgearbeitet. Im Februar 2022 hat die EU-Kommission einen Vorschlag für eine Richtlinie über die Sorgfaltspflichten von Unternehmen im Hinblick auf Nachhaltigkeit und zur Änderung der Richtlinie (EU) 2019/1937 (COM (2022) 71 final) vorgelegt. Im Juni 2023 hat nach der EU-Kommission und dem Rat (Dezember 2022) auch das Europäische Parlament seine Position zum Vorschlag einer EU-Lieferkettenrichtlinie angenommen. In diesem Vorschlag spricht sich das EU-Parlament für deutliche Verschärfungen des Richtlinienentwurfs aus.

Hintergrundinformation Im öffentlichen Diskurs wird mitunter auch der englische Titel des Richtlinienentwurfs „Corporate Sustainability Due Diligence Directive" bzw. die englische Abkürzung „CSDDD" verwendet.

Mit dem Richtlinienentwurf sollen Unternehmen ab einer gewissen Größe verpflichtet werden, Menschenrechte und Vorgaben zum Umweltschutz in ihren weltweiten Lieferketten und ihrem eigenen Betrieb einzuhalten.

Ziel des Richtlinienentwurfs ist die Sicherstellung internationaler Menschenrechts- und Umweltrechtsstandards durch Unternehmen sowie der erfolgreiche Übergang der EU zu einer klimaneutralen und grünen Wirtschaft im Einklang mit dem Green Deal. Mit dem Richtlinienentwurf wird zudem bezweckt, gleiche Wettbewerbsbedingungen für Unternehmen in der EU zu schaffen und eine Fragmentierung von Vorschriften zu vermeiden, die droht, wenn jeder einzelne Mitgliedstaat eigene Sorgfaltsstandards normiert.

2.3 Supply Chain Compliance

2.3.2.1 Anwendungsbereich

Obwohl die Ziele des Richtlinienentwurfs durchaus ähnlich zu den Zielen des LkSG sind, geht der zum Zeitpunkt der Bearbeitung dieses Quick Guides vorliegende Richtlinienentwurf in seinem Regelungsgehalt wesentlich weiter als das LkSG und bietet daher im Vergleich zum LkSG zusätzliche Anknüpfungspunkte für Compliance-Untersuchungen im Ausland.

Bereits der persönliche Anwendungsbereich des ursprünglichen Richtlinienentwurfs der Kommission geht über den des LkSG hinaus. Der Richtlinienentwurf der EU-Kommission umfasst Unternehmen, die nach den Rechtsvorschriften eines Mitgliedsstaats gegründet wurden und zusätzlich eines der folgenden Kriterien erfüllen (Art. 2):

- Das Unternehmen hatte im letzten Geschäftsjahr, für das ein Jahresabschluss erstellt wurde, im Durchschnitt mehr als 500 Beschäftigte und erzielte einen weltweiten Nettoumsatz von mehr als 150 Mio. EUR.
- Das Unternehmen hatte im letzten Geschäftsjahr, für das ein Jahresabschluss erstellt wurde, im Durchschnitt mehr als 250 Beschäftigte und einen weltweit durchschnittlichen Jahresumsatz von mehr als 40 Mio. EUR, sofern mindestens 50 % des Nettoumsatzes in einem oder mehreren der in Art. 2 des Richtlinienentwurfs gelisteten Sektoren erwirtschaftet wurde.

Ein weiterer Unterschied zum LkSG besteht in der extraterritorialen Wirkung des Richtlinienentwurfs, der auch Drittstaatenunternehmen unter gewissen Voraussetzungen in den Anwendungsbereich einbezieht.

▶ **Wichtig**
Mehrheit der EU-Staaten hat dem Gesetzentwurf zugestimmt. Die hier genannten Kriterien sind daher nur Momentaufnahmen und müssen nicht mit dem endgültigen Richtlinientext übereinstimmen.

Das Europäische Parlament hat sich in seinem Richtlinienvorschlag aus Juni 2023 für deutliche Verschärfungen gegenüber dem Richtlinienentwurf der Kommission ausgesprochen. Das Parlament möchte den Schwellenwert für die Anwendbarkeit der Richtlinie auf Unternehmen mit mehr als 250 Mitarbeitern und 40 Mio. EUR weltweiten Jahresnettoumsatz absenken. Die Branche, in der das Unternehmen tätig ist, soll nun anders als im ursprünglichen Entwurf der Kommission nicht mehr entscheidend sein. Einbezogen werden sollen auch oberste Muttergesellschaften einer Unternehmensgruppe mit mehr als 500 Beschäftigten und einem weltweiten Nettoumsatz von über 150 Mio. EUR.

Die endgültige Fassung der Richtlinie wird nun im sog. Trilog ausgearbeitet. Entscheidend dürfte letztlich die Haltung des Rates sein, da etliche Regierungen eine zu starke Behinderung des internationalen Geschäftsverkehrs befürchten. Vor dem Hintergrund der im Juni 2024 anstehenden Europawahlen wird allgemein mit einem Abschluss des Verfahrens bis spätestens Anfang 2024 gerechnet.

In Bezug auf die umfassten Schutzgüter werden menschenrechtliche und umweltbezogene Schutzgüter erfasst. In menschenrechtlicher Hinsicht wird ähnlich dem LkSG insbesondere der Schutz von Arbeitsbedingungen in den Blick genommen. In Bezug auf umweltbezogene Schutzgüter geht der Richtlinienentwurf weit über das LkSG hinaus und normiert in seinem Anhang eine lange Liste umweltrechtlicher Vorgaben.

2.3.2.2 Sorgfaltspflichten für Unternehmen

Der Richtlinienentwurf regelt – wie das LkSG – umfangreiche Sorgfaltspflichten für betroffene Unternehmen.

Wichtig ist, dass nach dem Entwurf die Sorgfaltspflichten in Bezug auf alle Glieder in der Lieferkette gleichermaßen anzulegen sind. Ein eingeschränkter, abgestufter Pflichtenmaßstab wie im LkSG (eigener Geschäftsbereich, unmittelbarer Zulieferer, mittelbarer Zulieferer) ist hier derzeit nicht vorgesehen. Nach dem Willen des EU-Parlaments sollen sich die Sorgfaltspflichten erstrecken auf tatsächliche und potenzielle negative Auswirkungen auf die Menschenrechte und die Umwelt, die die betroffenen Unternehmen selbst verursacht oder zu denen sie selbst beigetragen haben oder mit denen sie direkt verbunden sind. Dies soll gelten in Bezug auf ihre eigenen Tätigkeiten und die ihrer Tochterunternehmen sowie die Tätigkeiten von Unternehmen in ihrer Wertschöpfungskette, mit denen das Unternehmen eine Geschäftsbeziehung unterhält. Geschäftsbeziehung soll jede direkte oder indirekte Beziehung eines Unternehmens zu einem Auftragnehmer, einem Unterauftragnehmer oder anderen Rechtssubjekten in seiner Wertschöpfungskette sein. Von der Wertschöpfungskette sollen Upstream-Aktivitäten (Rohstoff bis zum fertigen Produkt) und Downstream-Aktivitäten (gesamter Vertrieb bis zum Endverbraucher) erfasst sein. Sollten diese Vorschläge so verabschiedet werden, würde dies eine deutliche Mehrbelastung für betroffene Unternehmen bedeuten.

Betroffene Unternehmen träfen nach dem Richtlinienvorschlag umfassende Sorgfaltspflichten. Im Rahmen der Sorgfaltspflichten sind u. a. tatsächliche und

2.3 Supply Chain Compliance

potenzielle negative Auswirkungen auf die Menschenrechte und die Umwelt zu ermitteln und zu bewerten, wobei deren Eintritt zu vermeiden ist. Präventions- und Beseitigungsmaßnahmen müssen umgesetzt und Dokumentationspflichten eingehalten werden.

2.3.2.3 Sanktionen

Auch der Richtlinienentwurf enthält Regelungen zu Sanktionen, mit denen Unternehmen durch die nationalen Umsetzungsgesetze und darauf beruhend durch die noch zu bestimmenden nationalen Behörden belegt werden können. Vorgesehen sind im Änderungsvorschlag des EU-Parlaments finanzielle Sanktionen, eine namentliche öffentliche Anprangerung (sog. „Naming und Shaming"), die Anordnung von Handlungsverpflichtungen sowie der Ausschluss von Produkten aus dem freien Verkehr oder vom Export. Finanzielle Sanktionen sollen sich nach dem weltweiten Nettoumsatz des betroffenen Unternehmens richten und bis zu 5 % des weltweiten Jahresnettoumsatzes im Geschäftsjahr vor der Entscheidung über die Verhängung der Geldstrafe betragen.

Im Gegensatz zum LkSG schreibt die Richtlinie im Entwurf darüber hinaus eine zivilrechtliche Haftung für (vermeidbare) Verstöße gegen Sorgfaltspflichten vor. Dadurch würde es den Betroffenen künftig möglich sein, Schadensersatz- und Unterlassungsansprüche direkt gegenüber den Unternehmen geltend zu machen. Im Wege der Prozessstandschaft sollen außerdem Interessenvertreter Schadensersatzansprüche geltend machen können.

2.3.2.4 Verhältnis zum LkSG

Der vorgelegte Entwurf ist ein Richtlinienentwurf, d. h. dass nach Inkrafttreten der endgültigen Fassung der Richtlinie diese nicht unmittelbar gilt, sondern von den EU-Mitgliedstaaten zunächst in nationales Recht umgesetzt werden muss. Die Wahl des Richtlinienformats wird zum Teil, insbesondere von Stimmen aus der Wirtschaft, kritisiert, da ein europäischer Flickenteppich an Umsetzungsgesetzen befürchtet wird, mit zum Teil unterschiedlichen Sorgfaltsstandards, die zu verzerrten Wettbewerbsbedingungen führen können. Diese Stimmen hätten statt des Richtlinienformats eine europäische Verordnung bevorzugt, da diese unmittelbar in allen Mitgliedstaaten der EU anwendbar gewesen wäre.

Die Umsetzung der Richtlinie würde nach Verabschiedung derselben in Deutschland voraussichtlich über das LkSG erfolgen, das ggfls. entsprechend angepasst werden muss.

2.3.2.5 Etwaige Compliance-Anforderungen an Unternehmen

Die Richtlinie liegt derzeit nur im Entwurf vor und wird von den zuständigen EU-Organen noch diskutiert. Endgültige Aussagen zu Compliance-Anforderungen an Unternehmen können bislang also nicht getroffen werden. Allerdings ist zu vermuten, dass mit der EU-Lieferkettenrichtlinie eine Ausweitung des Kreises der betroffenen Unternehmen gegenüber dem LkSG verbunden sein wird. Auch die zu erfüllenden Sorgfaltspflichten werden voraussichtlich deutlich umfangreicher ausfallen als nach dem LkSG. Dies legen etwa die Entwurfsbestimmungen zur Berücksichtigung der gesamten Wertschöpfungskette und der zivilrechtliche Haftungstatbestand nahe. Da nach dem derzeitigen Richtlinienentwurf im Vergleich zum LkSG auch deutlich kleinere Unternehmen erfasst werden, bleibt abzuwarten, ob diese Unternehmen sich in Anbetracht des gewaltigen Erfüllungsaufwands für Geschäftstätigkeiten aus Staaten mit geringen Menschenrechts- und Umweltstandards vermehrt zurückziehen werden. Dies wäre für die im Ausland befindlichen und arbeitenden Menschen, deren Arbeits- und Lebensbedingungen eigentlich durch die EU-Lieferkettenrichtlinie geschützt werden sollen, eine dem Gesetzeszweck entgegenlaufende und u. U. existenzbedrohende Konsequenz.

Der Richtlinienentwurf ist angelehnt an das deutsche LkSG und das im Jahr 2017 in Kraft getretene französische *Loi au devoir de vigilance*. Unternehmen aus diesen beiden Ländern, soweit sie in den Anwendungsbereich der vorgenannten Gesetze fallen, müssen schon heute Sorgfaltspflichten in Bezug auf ihre Lieferketten erfüllen. Auf die Rechtspflichten, die mit der EU-Lieferkettenrichtlinie im Falle ihrer Verabschiedung statuiert werden, werden sie also bereits vergleichsweise gut vorbereitet sein. Soweit sie in den Anwendungsbereich vorgenannter Gesetze fallen, werden sie Auslandstätigkeiten bereits in den Blick genommen und geprüft haben oder dies jedenfalls zeitnah tun, um ihren Rechtspflichten auf nationaler Ebene nachzukommen. Bereits implementierte Risikomanagementsysteme müssten dann in der Zukunft (nur) noch an neue Vorgaben aus der finalen Fassung der EU-Lieferkettenrichtlinie angepasst werden. Dieser zeitliche Vorsprung wird sich möglicherweise für deutsche und französische Unternehmen in den kommenden Jahren im EU-Wettbewerb noch als Wettbewerbsvorteil erweisen.

2.3.3 Konfliktmineraleverordnung

Verbraucher verlangen zunehmend nach einem verantwortungsbewussten Abbau von Rohstoffen, der auf den Einsatz von Kinderarbeit und Zwangsarbeit sowie Korruption und die Finanzierung von regionalen Konflikten verzichtet. Die

2.3 Supply Chain Compliance

bereits im Juni 2017 in Kraft getretene sog. EU-Konfliktmineraleverordnung (Verordnung (EU) 2017/821) adressiert diese Fragen. Das deutsche Durchführungsgesetz MinRohSorgG (Gesetz zur Durchführung der Verordnung (EU) 2017/821 – Mineralische-Rohstoffe-Sorgfaltspflichten-Gesetz) ist im Mai 2020 in Kraft getreten.

Ziel der Verordnung ist es, die Verknüpfung zwischen möglicherweise illegalem Abbau und Handel mit gewissen Mineralen und Metallen und der Finanzierung von Gewalt sowie Menschenrechtsverletzungen in Konflikt- und Hochrisikogebieten zu unterbinden. Durch die Gesetzgebung sollen die Möglichkeiten für bewaffnete Gruppen und Sicherheitskräfte zum Handel mit Zinn, Tantal und Wolfram sowie deren Erzen und Gold begrenzt werden. Die Verordnung soll für Transparenz und Sicherheit hinsichtlich der Lieferpraktiken von Unionsimporteuren sowie von Hütten und Raffinerien sorgen, die Rohstoffe aus Konflikt- und Hochrisikogebieten beziehen (Art. 1 Abs. 1).

Hintergrundinformation
Vor der Verabschiedung der Konfliktmineraleverordnung existierten bereits Leitsätze der OECD für die Erfüllung der Sorgfaltspflicht zur Förderung verantwortungsvoller Lieferketten für Minerale aus Konflikt- und Hochrisikogebieten, die als globaler Referenzstandard gelten. Auf diese für Unternehmen zunächst unverbindlichen Leitsätze der OECD nimmt die EU-Konfliktmineraleverordnung an mehreren Stellen Bezug.
Interessant ist, dass nicht nur die EU, sondern auch die USA sich dem Thema verantwortungsvolle Lieferketten hinsichtlich Konfliktmineralen widmen. Gesetzliche Berichtspflichten für bestimmte Unternehmen im Hinblick auf diverse Konfliktminerale existieren in den USA seit Inkrafttreten des sog. Dodd-Frank Wall Street Reform and Consumer Protection Act (Section 1502).

Betroffene Unternehmen mussten die EU-Konfliktmineraleverordnung bereits zum 01.01.2021 verpflichtend umsetzen und schon ein Jahr später, nämlich im Januar 2022, begannen die nationalen Kontrollbehörden mit der Durchführung erster nachträglicher Kontrollen. Die EU-Kommission hat das Funktionieren und die Wirksamkeit der Verordnung erstmals im Januar 2023 überprüft und wird dies nachfolgend alle drei Jahre wiederholen (vgl. Art. 17 Abs. 2).

2.3.3.1 Anwendungsbereich
Aus der EU-Konfliktmineraleverordnung werden sog. Unionseinführer verpflichtet. Dies sind sämtliche natürliche oder juristische Personen, die Minerale oder Metalle zur Überführung in den zollrechtlich freien Verkehr im Sinne des Artikels 201 der Verordnung (EU) Nr. 952/2013 des Europäischen Parlaments und des Rates anmelden, oder eine natürliche oder juristische Person, in deren Auftrag eine solche Anmeldung abgegeben wird, wie in Anhang B Datenelemente

3/15 und 3/16 der Delegierten Verordnung (EU) 2015/2446 der Kommission angegeben. In den Anwendungsbereich fallen also Importeure der von der Verordnung erfassten Minerale und Metalle.

▶ Wichtig ist, dass die Verordnung nur den sog. Upstream-Bereich umfasst. Dabei handelt es sich um Importeure von unverarbeiteten Mineralen und Metallen. Die Einfuhr bereits verarbeiteter Produkte, in denen die Rohstoffe enthalten sind, in die EU (sog. Downstream-Bereich) fällt nicht in den Anwendungsbereich.

Die Verordnung gilt für Unionseinführer nur, wenn sie gewisse mengenmäßige Schwellenwerte erreichen. Die Verordnung gilt also nicht für Unionsführer von Mineralen oder Metallen, wenn deren jährliche Einfuhrmengen bei den einzelnen betroffenen Mineralen oder Metallen unterhalb der Mengenschwellen liegen, die in Anhang I festgesetzt werden. Mit dieser Regelung werden insbesondere kleine Unternehmen geschützt. Dessen ungeachtet hat sich die EU zum Ziel gesetzt, mit der Festlegung der Schwellenwerte ca. 95 % der Einfuhrmengen zu erfassen (Art. 1 Abs. 3).

Hintergrundinformation
Für Unternehmen ist es wichtig, zu ermitteln, ob importierte Rohstoffe aus Konflikt- oder Hochrisikogebieten stammen. Die Liste der Konflikt- und Hochrisikogebiete (Conflict-Affected and High-Risk Areas – CAHRAs) wurde erstmalig im Dezember 2020 veröffentlicht und wird seitdem regelmäßig aktualisiert.
  Zu den gelisteten Ländern gehören derzeit bspw. Äthiopien, die Demokratische Republik Kongo, Indien, Kolumbien, Nigeria, Pakistan, die Philippinen und die Ukraine. Zum Teil wird Bezug genommen auf bestimmte Regionen in diesen Ländern. Wichtig ist, dass diese Liste nur eine indikative Wirkung hat und keine entlastende Wirkung hinsichtlich des Bezugs von Mineralen und Metallen aus anderen Ländern bietet.

2.3.3.2 Sorgfaltspflichten für Unternehmen

Unionseinführer sind verpflichtet, diverse Sorgfaltspflichten in ihrer Lieferkette einzuhalten (Art. 1 Abs. 8, Art. 2 d), Art. 3).

Hierzu gehört die Implementierung eines Managementsystems, das diverse Kriterien erfüllt, u. a. die Festlegung einer Lieferkettenpolitik für die möglicherweise aus Konflikt- oder Hochrisikogebieten stammenden Minerale oder Metalle, eine Strukturierung interner Managementsysteme zur Gewährleistung einer Einbindung von Mitgliedern des gehobenen Managements, eine Rückverfolgbarkeit der Gewahrsams- oder Lieferkette in Bezug auf Minerale und Metalle, sowie einen Beschwerdemechanismus (Art. 4).

2.3 Supply Chain Compliance

Unionseinführer müssen zudem Risiken in der Lieferkette ermitteln, bewerten und eine Strategie zur Risikominimierung in Einklang mit Anhang II des oben genannten OECD-Leitfadens umsetzen (Art. 5). Zu beachten ist, dass die Verordnung jeweils unterschiedliche Voraussetzungen für Unionseinführer von Mineralen und Metallen vorsieht.

Des Weiteren müssen Unionseinführer Audits (also Prüfungen) durch unabhängige Dritte veranlassen (Art. 6 Abs. 1). Allerdings sind unter gewissen Voraussetzungen Ausnahmen von dieser Pflicht zum sog. Third Party Audit vorgesehen für Unionseinführer von Metallen (Art. 6 Abs. 2).

Unionseinführer müssen außerdem jährlich einen öffentlichen Bericht über Sorgfaltsmaßnahmen zur Verfügung stellen (Art. 7) und sind zur Offenlegung gegenüber den nationalen Kontrollbehörden und der Allgemeinheit (u. a. über das Internet) verpflichtet. Auch unmittelbar nachgelagerten Abnehmern muss ein Unionseinführer alle im Rahmen der Erfüllung seiner Sorgfaltspflicht in der Lieferkette erlangten und auf aktuellem Stand gehaltenen Informationen zur Verfügung stellen (Art. 7 Abs. 2). Der Wahrung von Geschäftsgeheimnissen und anderen Wettbewerbsbedenken ist gebührend Rechnung zu tragen (Art. 7 Abs. 2).

▶ Die Konfliktmineraleverordnung verweist an mehreren Stellen auf das fünfstufige Rahmenwerk für die risikobasierte Erfüllung der Sorgfaltspflicht des OECD-Leitfadens für die Erfüllung der Sorgfaltspflicht zur Förderung verantwortungsvoller Lieferketten für Minerale aus Konflikt- und Hochrisikogebieten. Dieser Prozess dient Unternehmen als Unterstützung bei der Wahrung von Menschenrechten und der Vermeidung der Konfliktverschärfung durch ihre Beschaffungspolitik und Zuliefererauswahl. Unternehmen sind gut beraten, diesen Sorgfaltspflichtenprozess umzusetzen.

2.3.3.3 Zuständige Behörde

Nach der Konfliktmineraleverordnung muss jeder Mitgliedstaat eine oder mehrere zuständige Behörden bezeichnen, die für die Anwendung der Verordnung verantwortlich sind (Art. 10). In Deutschland ist die nationale Kontrollstelle für die Anwendung der EU-Konfliktmineraleverordnung die DEKSOR (Deutsche Kontrollstelle EU Sorgfaltspflichten in Rohstofflieferketten).

DEKSOR ist u. a. zur Durchführung geeigneter nachträglicher Kontrollen befugt und verfolgt im Rahmen der nachträglichen Kontrollen einen risikobasierten Ansatz (Art. 11). Kontrollen werden auch durchgeführt, wenn Beschwerden Dritter bei der DEKSOR eingehen (vgl. Art. 11 Abs. 2). Bei Anwendung des risikobasierten Ansatzes zur Auswahl der zu kontrollierenden Unionseinführer hat DEKSOR insbesondere zu berücksichtigen: die jährliche Einfuhrmenge, den Ursprung und den Transportweg der eingeführten Minerale und Metalle, und, ob die eingeführten Minerale und Metalle anderen Risiken in der Lieferkette unterfallen, die zu einer kritischen Einstufung im Sinne der OECD Leitsätze führen (§ 3 Abs. 4 MinRohSorgG).

2.3.3.4 Sanktionen

Sanktionen sind nicht in der EU-Konfliktmineraleverordnung selbst, sondern im deutschen Umsetzungsgesetz MinRohSorgG (Gesetz zur Durchführung der Verordnung (EU) 2017/821 – Mineralische-Rohstoffe-Sorgfaltspflichten-Gesetz) geregelt. Danach kann die DEKSOR ein Zwangsgeld von bis zu 50.000 EUR anordnen.

2.3.3.5 Compliance-Anforderungen an Unternehmen

Auch die EU-Konfliktmineraleverordnung verpflichtet Unternehmen, die in den Anwendungsbereich fallen, also dazu, ihre Lieferketten genauestens zu analysieren und öffentlich Rechenschaft über ihre Bemühungen abzugeben. Für Unternehmen ist insbesondere der Jahresbericht der DEKSOR über den Vollzug der Konfliktmineraleverordnung zum Bezugsjahr 2021/22 interessant, weil aus dem Bericht Rückschlüsse auf die Erwartungen der DEKSOR als zuständige Behörde gezogen werden können.

Die DEKSOR berichtet, dass betroffene Unternehmen ihre Sorgfaltsanstrengungen bislang nicht umfassend erfüllten, sondern Anstrengungen im Wesentlichen auf die Erfüllung von Art. 6 beschränkten. Dabei sähen sie die Durchführung eines Audits durch unabhängige Dritte missverständlich als Erfüllung ihrer Sorgfaltspflichten an. Die DEKSOR berichtet weiter, dass überprüfte Unionseinführer bislang nur unvollständige Dokumentationen an die DEKSOR übermittelt hätten und Auditberichte nicht den Erwartungen von DEKSOR und anderen nationalen Kontrollstellen entsprächen. DEKSOR erläutert zudem hinsichtlich des Risikomanagements, dass viele Unternehmen die Risikoidentifikation und -bewertung (fast ausschließlich) an die Auswahl ihrer Zulieferer knüpften und sich dabei sowie im weiteren Verlauf oftmals auf Risikoindikatoren von Dritten, regelmäßig Industrieinitiativen oder Software- bzw. Beratungsdienstleister verließen, ohne die zur Verfügung gestellten Informationen zu hinterfragen und eigene Strategien für das Risikomanagement abzuleiten, wie es im OECD-Leitfaden vorgesehen sei. Essentiell sei aber, dass schlüssig aufgezeigt werde, wie entsprechende Prozesse im Unternehmen angelegt seien und ob sie wirksam gelebt würden. Die DEKSOR wies zudem auf den praktisch wichtigen Punkt der Transparenz entlang der Lieferkette in Verbindung mit Geheimhaltungsvereinbarungen

2.3 Supply Chain Compliance

hin. Es sei für Unternehmen eine Herausforderung, die erlangten und auf aktuellem Stand gehaltenen Informationen bezüglich der Lieferkette nach Art. 7 Abs. 2 zu erhalten. Die Offenlegung der Lieferkette und der jeweiligen beteiligten vorgelagerten Unternehmen sei ein Risiko für die eigene Geschäftstätigkeit, weswegen sich viele Unternehmen, insbesondere Hütten und Raffinerien, auf die „Wahrung von Geschäftsgeheimnissen und andere Wettbewerbsbedenken" beriefen. Eine Verweigerung der Offenlegung widerspräche aber dem grundlegenden Transparenzgedanken entlang der Lieferkette. Auch für eine entsprechende Risikobewertung im Sinne der Art. 5 Abs. 4 und 5 sei es notwendig, über die Informationen zu verfügen.

▶ Der Jahresbericht der DEKSOR illustriert anschaulich den Erwartungshorizont, den die DEKSOR als zuständige Kontrollbehörde an betroffene Unternehmen anlegt. Auch wenn die geäußerten Erwartungen naturgemäß nicht eins zu eins auf andere ESG-Kontexte übertragen werden können, etwa das LkSG, lassen die Ausführungen die behördliche Prüfdichte erahnen, der betroffene Unternehmen auch in anderen ESG-Feldern künftig ausgesetzt sein werden.

Die Aussagen der DEKSOR unterstreichen die Wichtigkeit, zunächst im eigenen Unternehmen vollständige Transparenz über Auslandsgeschäfte, insbesondere in Emerging Markets und in Entwicklungsländern, herzustellen, um damit die Grundlage zu schaffen, in einem zweiten Schritt Risiken zu ermitteln und die Berichtspflichten gegenüber Dritten vollumfänglich erfüllen zu können. Ein wichtiges Mittel dafür sind interne Untersuchungen.

▶ Die DEKSOR stellt eine Orientierungshilfe für betroffene Unternehmen zur Verfügung, die insbesondere kleinere und mittlere Unternehmen im Umgang mit der EU-Konfliktmineraleverordnung unterstützen soll.

2.3.4 EU-Entwaldungsverordnung

Weitere wichtige Supply Chain Compliance-Anforderungen normiert die neue EU-Verordnung über die Bereitstellung bestimmter Rohstoffe und Erzeugnisse, die mit Entwaldung und Waldschädigung in Verbindung stehen, auf dem Unionsmarkt und ihre Ausfuhr aus der Union (Verordnung (EU) 2023/1115 – EU-Entwaldungsverordnung) vom 31.05.2023. Die Verordnung wurde am 09.06.2023 im EU-Amtsblatt veröffentlicht und trat am 30.06.2023 in Kraft.

Nach einer Übergangszeit von 18 Monaten wird die EU-Entwaldungsverordnung bereits ab dem 30.12.2024 unmittelbar in allen EU-Mitgliedstaaten gelten.

▶ Die kurze Umsetzungsfrist verlangt von Unternehmen sofortiges Tätigwerden, um in einem ersten Schritt den Regelungsinhalt und den Anwendungsbereich der Verordnung zu verstehen und nachfolgend die eigenen Lieferketten – wenn und soweit nötig – anzupassen. Kleinstunternehmen und kleine Unternehmen profitieren unter bestimmten Voraussetzungen von einer 24-monatigen Übergangszeit, sodass die Verordnung für sie im Grundsatz erst ab dem 30.06.2025 gilt.

Wichtig ist, dass die Verordnung in Teilen Rückwirkung zum 31.12.2020 entfaltet. Relevante Erzeugnisse werden nämlich nur dann als „entwaldungsfrei" eingestuft, wenn die relevanten Rohstoffe auf Anbauflächen erzeugt wurden, die nicht nach dem 31.12.2020 entwaldet wurden.

Hintergrundinformation
In der Verordnung wird ausführlich geschildert, warum die EU mit der Verordnung neue Rechtspflichten für Unternehmen schafft. Es wird darauf verwiesen, dass im Zeitraum zwischen 1990 und 2020 weltweit eine Gesamtfläche entwaldet worden sei, die größer sei als die Gesamtfläche der EU. Experten gehen davon aus, dass diese Entwaldung, die nahezu vollständig durch eine Ausdehnung der Landwirtschaft ausgelöst wird, gemeinsam mit Waldschädigung deutlich zur weltweiten Erderwärmung und dem Verlust an biologischer Vielfalt beiträgt.

Die EU ist einer der größten Importmärkte für landwirtschaftliche Erzeugnisse, die durch Entwaldung gewonnen werden. Hierzu gehören die Produkte Rindfleisch, Kakao, Kaffee, Ölpalme, Kautschuk, Holz und Soja sowie Waren, die aus diesen Rohstoffen hergestellt werden (etwa Schokolade, Leder, Druckpapier sowie Möbel).

Die EU möchte mit der EU-Entwaldungsverordnung zu einer signifikanten Reduktion der globalen Entwaldung beitragen und zugleich die Menschenrechtslage und die Rechte indigener Völker verbessern. Die EU kommt mit der EU-Entwaldungsverordnung zudem internationalen Verpflichtungen zum Schutz von Wäldern nach, die im Übereinkommen von Paris und den Zielen für nachhaltige Entwicklung der Vereinten Nationen (Sustainability Development Goals Nr. 2, 3, 12, 13 und 15) verabredet wurden.

Um sicherzustellen und dazu beizutragen, dass in der EU in den Verkehr gebrachte Rohstoffe und Produkte die weltweite Entwaldung nicht weiter verstärken, sondern stattdessen den Schutz der Wälder fördern, normiert die Verordnung neue unternehmerische Sorgfaltspflichten für den Handel mit bestimmten in der Verordnung und deren Anhang aufgeführten Produkten.

2.3.4.1 Anwendungsbereich

Die EU-Entwaldungsverordnung sieht umfassende Pflichten für sog. Marktteilnehmer vor. Dies sind Unternehmen – entweder natürliche oder juristische Personen – die im Rahmen einer gewerblichen Tätigkeit relevante Erzeugnisse auf dem Unionsmarkt in den Verkehr bringen, bereitstellen oder aus der EU ausführen (Art. 2). Auf die Größe eines Unternehmens kommt es nicht an. Erfasst sind also auch kleine und mittelgroße Unternehmen im Sinne der Richtlinie 2013/34/EU, für die die Verordnung indes Erleichterungen in geringem Umfang vorsieht.

Erfasst werden überdies auch Händler, also jede Person in der Lieferkette mit Ausnahme des Marktteilnehmers, die im Rahmen einer gewerblichen Tätigkeit relevante Erzeugnisse auf dem Markt bereitstellt (Art. 2).

Die Verordnung sieht vor, dass sog. relevante Rohstoffe und sog. relevante Erzeugnisse nur dann in den Verkehr gebracht oder auf dem Markt bereitgestellt oder ausgeführt werden dürfen, wenn sie entwaldungsfrei sind, sie gemäß den einschlägigen Rechtsvorschriften des Erzeugerlandes erzeugt wurden und für sie eine Sorgfaltserklärung vorliegt (Art. 3). Relevante Rohstoffe sind Rinder, Kakao, Kaffee, Ölpalme, Kautschuk, Soja und Holz. Relevante Erzeugnisse sind alle in Anhang I der EU-Entwaldungsverordnung aufgeführten Erzeugnisse, wenn sie die genannten Rohstoffe enthalten oder unter ihrer Verwendung hergestellt oder mit diesen gefüttert wurden.

Das Merkmal entwaldungsfrei ist erfüllt, wenn die relevanten Erzeugnisse die genannten Rohstoffe enthalten, mit diesen gefüttert wurden oder unter deren Verwendung hergestellt wurden, und auf Flächen erzeugt wurden, die nach dem 31.12.2020 nicht entwaldet wurden. Im Fall relevanter Erzeugnisse, die Holz enthalten oder unter Verwendung von Holz hergestellt wurden, kommt es darauf an, dass das Holz aus dem Wald geschlagen wurde, ohne dass es dort nach dem 31.12.2020 zu einer Waldschädigung gekommen ist.

▶ **Tipp**
Die Auswahl der relevanten Rohstoffe und relevanten Erzeugnisse beruht auf einer aktuellen Bewertung des EU-Gesetzgebers, dass für den Anbau dieser Rohstoffe eine stetige Ausdehnung der Landwirtschaft auf Kosten bestehender Waldflächen erforderlich ist.
Ein Überprüfungsmechanismus (Art. 24) ermöglicht künftige Anpassungen der Verordnung, etwa in Bezug auf relevante Erzeugnisse sowie eine Ausweitung auf andere sensible Ökosysteme (etwa Savannen und Moore). Damit ist eine künftige Erweiterung der Pflichten aus dieser Verordnung auf Unternehmen, die derzeit noch nicht aus der Verordnung verpflichtet werden, denkbar.

2.3.4.2 Sorgfaltspflichten für Unternehmen

Bevor die von der EU-Entwaldungsverordnung erfassten Marktteilnehmer relevante Erzeugnisse in Verkehr bringen, auf dem Markt bereitstellen oder ausführen, müssen sie künftig in Bezug auf alle relevanten Erzeugnisse, die von jedem einzelnen Lieferanten geliefert werden, eine neue Sorgfaltspflicht erfüllen (Art. 4 Abs. 1, 8).

> **Übersicht**
> Diese Sorgfaltspflicht umfasst die folgenden Maßnahmen (Art. 8 Abs. 2):
>
> - die Sammlung von Informationen, Daten und Unterlagen, die erforderlich sind, um die Informationsanforderungen zu erfüllen
> - Maßnahmen zur Risikobewertung
> - Maßnahmen zur Risikominderung

Ohne vorherige Vorlage einer sog. Sorgfaltserklärung dürfen Marktteilnehmer keine relevanten Erzeugnisse in Verkehr bringen oder ausführen (Art. 4 Abs. 2 S. 1). Die Verordnung normiert insofern, dass Marktteilnehmer, die auf Grundlage der Erfüllung der in Art. 8 beschriebenen Sorgfaltspflicht zu dem Schluss gekommen sind, dass die relevanten Erzeugnisse Art. 3 entsprechen (also entwaldungsfrei sind und gemäß den einschlägigen Rechtsvorschriften des Erzeugerlandes erzeugt wurden), den zuständigen Behörden bevor sie relevante Erzeugnisse in Verkehr bringen oder ausführen über das Informationssystem gemäß Art. 33 eine Sorgfaltserklärung übermitteln (Art. 4 Abs. 1 S. 2).

▶ **Wichtig**
Bei der Sorgfaltserklärung handelt es sich um ein elektronisch abrufbares und übermittelbares Dokument, das die in Anhang II für die relevanten Erzeugnisse aufgeführten Informationen enthalten muss. Zusätzlich muss der Marktteilnehmer in der Sorgfaltserklärung angeben, dass er die Sorgfaltspflicht erfüllt hat und dass kein oder allenfalls ein vernachlässigbares Risiko festgestellt wurde (Art. 4 Abs. 1 S. 3).
   Mit der Übermittlung der Sorgfaltserklärung an die zuständige Behörde übernimmt der Marktteilnehmer die Verantwortung dafür, dass die relevanten Erzeugnisse den Vorgaben des Art. 3 entsprechen. Die Sorgfaltserklärung haben Marktteilnehmer für fünf Jahre ab dem Zeitpunkt der Übermittlung aufzubewahren.

2.3 Supply Chain Compliance

Marktteilnehmer haben laufend umfassenden Informationsanforderungen zu genügen. Sie müssen Informationen, Unterlagen und Daten sammeln, aus denen hervorgeht, dass die relevanten Erzeugnisse Art. 3 entsprechen (Art. 9 Abs. 1 S. 1). Gesetzlich werden die durch Nachweise zu belegenden Informationen, die ab dem Datum der Bereitstellung der relevanten Erzeugnisse auf dem Markt bzw. dessen Ausfuhr für fünf Jahre aufzubewahren sind, genauestens aufgeführt. Es handelt sich u. a. um eine Beschreibung der relevanten Erzeugnisse, die Menge, das Erzeugerland und ggfls. dessen Landesteile, die Geolokalisierung der Erzeugungsgrundstücke und den Zeitpunkt bzw. Zeitraum der Erzeugung, detaillierte Informationen zu jedem Zulieferer und jedem Belieferten, Informationen zur Entwaldungsfreiheit und Rechtskonformität der relevanten Erzeugnisse (Art. 9 Abs. 1).

Die so gesammelten Informationen müssen Marktteilnehmer sodann überprüfen und analysieren und eine Risikobewertung durchführen (Art. 10). Ziel der Risikobewertung ist es festzustellen, ob die Gefahr besteht, dass die relevanten Erzeugnisse, die in Verkehr gebracht oder ausgeführt werden sollen, nichtkonform sind. Für die Risikobewertung legt die Verordnung einen Katalog von Kriterien vor, u. a. länderspezifische Risiken, Verbreitung von Menschenrechtsverstößen und Korruption im Erzeugerland, Präsenz von Wäldern und indigenen Völkern, Verbreitung der Entwaldung oder Waldschädigung im Erzeugerland, Umgehungsrisiken und die Komplexität der Lieferkette und Verarbeitungsstufe.

▶ **Tipp**
Durch die Verordnung sollen die Rechte indigener Völker in Bezug auf Wälder geschützt werden. Die EU schätzt den Beitrag der indigenen Völker zum Schutz der biologischen Vielfalt und zur Eindämmung des Klimawandels als besonders hoch ein. In den Gesetzgebungsmaterialien wird insofern auf das traditionelle Wissen von ökologischem und medizinischem Wert der indigenen Völker verwiesen. Sie böten häufig ein Modell für die nachhaltige Nutzung von Waldressourcen. Zugleich verweisen die Gesetzgebungsmaterialien darauf, dass Verteidiger umweltbezogener Menschenrechte, die sich um den Schutz und die Förderung der Menschenrechte im Zusammenhang mit der Umwelt bemühten, häufig Ziel von Verfolgung und tödlichen Angriffen seien und diese Angriffe in unverhältnismäßig hohem Maße indigene Völker beträfen.

Unternehmen müssen daher im Rahmen ihrer Risikobewertung in Bezug auf indigene Völker folgende Kriterien berücksichtigen: die Präsenz von indigenen Völkern im Erzeugerland oder dessen Landesteilen; die Konsultation von und Kooperation mit indigenen Völkern im Erzeugerland oder dessen Landesteilen nach Treu und Glauben; das Vorhandensein von gebührend begründeten Ansprüchen indigener Völker aufgrund objektiver und überprüfbarer Informationen in Bezug auf die Nutzung des Gebiets oder die Eigentumsverhältnisse in dem Gebiet, das zur Erzeugung des relevanten Rohstoffs genutzt wird (Art. 10 Abs. 2).

Risikobewertungen sind zu dokumentieren und von den Marktteilnehmern mindestens jährlich zu überprüfen (Art. 10 Abs. 2).

▶ Marktteilnehmer dürfen die relevanten Erzeugnisse weder in den Verkehr bringen noch ausführen, es sei denn, die Risikobewertung ergibt, dass kein oder nur ein vernachlässigbares Risiko dahingehend besteht, dass die relevanten Erzeugnisse nichtkonform sind.

Marktteilnehmer müssen vor dem Inverkehrbringen der relevanten Erzeugnisse oder ihrer Ausfuhr Verfahren und Maßnahmen zur Risikominderung anwenden, die dahingehend geeignet sind, dass kein Risiko oder nur noch ein vernachlässigbares Risiko besteht (Art. 11 Abs. 1). Dies gilt nur dann nicht, wenn die nach Art. 10 durchgeführte Risikobewertung ergeben hat, dass kein oder lediglich ein vernachlässigbares Risiko dahingehend besteht, dass die relevanten Erzeugnisse nichtkonform sind. Maßnahmen zur Risikominderung können etwa beinhalten: die Anforderung zusätzlicher Informationen und die Durchführung unabhängiger Erhebungen oder Audits. Marktteilnehmer müssen zudem angemessene und verhältnismäßige Strategien, Kontrollen und Verfahren etablieren, um das Risiko der Nichtkonformität der relevanten Erzeugnisse zu mindern und wirksam zu steuern, wie etwa ein Modellverfahren etablieren für das Risikomanagement, Berichterstattung, Aufzeichnungen, interne Kontrollen, Compliance-Management und (nicht für kleine und mittlere Unternehmen) Benennung eines Compliance-Beauftragten (Art. 11 Abs. 2).

Die Verordnung sieht vereinfachte Sorgfaltspflichten für bestimmte Sachverhaltskonstellationen vor (Art. 13). Mit der Verordnung wird zudem ein Länder-Benchmarking-System etabliert (Art. 29). Die Länder, in denen relevante Rohstoffe erzeugt werden, werden dabei nach ihren Risiken für Waldschädigungen und Abholzung in die Kategorien „gering", „normal" oder „hoch" eingestuft. Auch abhängig von der jeweiligen Einstufung des Landes, bestehen für Marktteilnehmer unterschiedliche Anforderungen an die Erfüllung ihrer Sorgfaltspflichten.

2.3 Supply Chain Compliance

▶ Die im Rahmen der vorstehenden Sorgfaltspflichten gewonnenen Informationen sind innerhalb der Lieferkette vom Marktteilnehmer an andere Marktteilnehmer und Händler weiterzugeben (Art. 4 Abs. 7), sodass eine Informationskette entsteht bis zu dem Unternehmen, das das Endprodukt an den Kunden vertreibt.

Händler treffen ebenfalls Sorgfaltspflichten, wobei hinsichtlich der Sorgfaltspflichten zwischen „KMU-Händlern", für die vereinfachte Sorgfaltspflichten gelten, und sog. „nicht-KMU-Händlern" unterschieden wird (Art. 5).

2.3.4.3 Zuständige Behörde

Zuständig für die Durchführung der Verordnung in Deutschland ist die Bundesanstalt für Landwirtschaft und Ernährung (BLE). Die Länderbehörden sollen indes zuständig sein für die Kontrolle der heimischen Rohstoffe und Erzeugnisse aus Holz, Soja und Rindern.

Die Verordnung verpflichtet die zuständigen Behörden zur Durchführung von Kontrollen, um festzustellen, ob die in der Union niedergelassenen Marktteilnehmer und Händler den Rechtspflichten aus der Verordnung nachkommen. Sie verwenden zur Bestimmung der durchzuführenden Kontrollen einen risikobasierten Ansatz (Art. 16).

▶ Das Bundesministerium für Ernährung und Landwirtschaft (BMEL) hat bereits im Jahr 2020 das sog. „Nationale Stakeholderforum für entwaldungsfreie Lieferketten" ins Leben gerufen. Ziel war es, Vertreter aus Zivilgesellschaft, Wissenschaft und Wirtschaft über die Verordnung zu informieren. Das Stakeholderforum wird auch nach Inkrafttreten der EU-Entwaldungsverordnung als Plattform bestehen bleiben.

2.3.4.4 Sanktionen

Bei Zuwiderhandlungen drohen Marktteilnehmern und Händlern Sanktionen, die „wirksam, verhältnismäßig und abschreckend" sein müssen (Art. 25 Abs. 2). In Betracht kommen etwa Bußgelder von bis zu 4 % des unionsweiten Jahresumsatzes, die Einziehung der relevanten Erzeugnisse bzw. der durch die relevanten Erzeugnisse erzielten Einnahmen, Ausschlüsse von öffentlicher Finanzierung und Ausschreibungen, und vorübergehende Verbote in Bezug auf den Vertrieb der entsprechenden Güter im europäischen Binnenmarkt und deren Ausfuhr (Art. 25 Abs. 2).

2.3.4.5 Compliance-Anforderungen an Unternehmen

Auch die EU-Entwaldungsverordnung verpflichtet alle von der Verordnung erfassten Unternehmen zur Implementierung umfassender und anspruchsvoller Compliance-Maßnahmen, die interne Ressourcen binden werden und ggfls. auch die Einholung externen Rats erforderlich machen werden.

Wichtig ist, dass Unternehmen zunächst den Anhang I der Verordnung daraufhin untersuchen, ob ihre Produkte erfasst sind. Dies ist wegen des weiten Anwendungsbereichs der Verordnung dringend geboten.

Für betroffene Unternehmen ist zentrale Pflicht die Sicherstellung entwaldungsfreier Lieferketten. Marktteilnehmer in der Lieferkette müssen dazu Informationen, die die Einhaltung der Verordnungsvorgaben nachweisen, umfassend dokumentieren. Sie müssen eine Risikobewertung für jedes betroffene Erzeugnis nebst Maßnahmen zur Risikominderung vornehmen und mit der Sorgfaltserklärung Berichtspflichten gegenüber der zuständigen Behörde erfüllen.

Die Erfüllung all dieser Maßnahmen wird nur auf Basis eines umfassenden Informationsaustausches zwischen den Akteuren in der Lieferkette möglich werden. Andernfalls werden Due Diligence-Prüfungen nicht substantiiert erfolgen können. Der Arbeitsaufwand im Einzelfall wird dabei maßgeblich durch das Länder-Benchmarking-System der EU-Kommission bestimmt werden und umso komplexer ausfallen müssen, je höher die im Einzelfall vorliegende Risikostufe ist. Auch wenn das Länder-Benchmarking noch nicht veröffentlich ist, ist damit zu rechnen, dass auch Schwellenländer in der Hochrisikokategorie aufgeführt werden. Dies ist noch wahrscheinlicher im Hinblick auf Entwicklungsländer. Unternehmen, die in diesen Märkten aktiv sind, sollten daher unbedingt frühzeitig mit der erforderlichen Informationsbeschaffung beginnen.

Ungeachtet der Risikoeinstufung verpflichten bereits der enorme Pflichtenkatalog und die in der Verordnung geregelte partielle Rückwirkung bis zum 31.12.2020 Unternehmen zur frühzeitigen Analyse der neuen Compliance-Maßnahmen. Begonnen werden sollte mit der Überprüfung des eigenen Lagerbestands bzw. bereits bestellter Waren, um auch künftig einen reibungslosen Absatz der eigenen Produkte auf dem Unionsmarkt sicherzustellen und behördliche Sanktionen sowie Haftungsrisiken zu vermeiden. Insbesondere der bei Verordnungsverstößen drohende Rückruf bzw. die Verhängung eines Importverbots für nicht mit den Vorgaben der Verordnung konforme Endprodukte kann sich als Haftungsrisiko für Zulieferer erweisen, wenn nicht-konforme Bestandteile aus Endprodukten auszubauen sind (falls dies überhaupt möglich sein sollte). Zugleich drohen Reputationsschäden, wenn Produktrückrufe publik gemacht werden müssen.

Untersuchungen werden also auch im Kontext der EU-Entwaldungsverordnung sowohl in präventiver als auch in repressiver Hinsicht notwendig werden.

2.3.5 Verordnungsvorschlag zum Verbot von in Zwangsarbeit hergestellten Produkten auf dem Unionsmarkt

Die EU möchte außerdem mit einem weiteren Gesetzesvorhaben noch gezielter als bislang Zwangsarbeit bekämpfen. Ansatzpunkt für weitere gesetzliche Pflichten ist auch hier die Lieferkette.

Im September 2022 hat die EU-Kommission einen Vorschlag für eine Verordnung zum Verbot von in Zwangsarbeit hergestellten Produkten auf dem Unionsmarkt vorgelegt (2022/0269(COD)). Der Verordnungsvorschlag sieht ein umfassendes Verbot des Inverkehrbringens und Bereitstellens von in Zwangsarbeit hergestellten Produkten auf dem EU-Binnenmarkt vor. Zusätzlich enthält der Verordnungsentwurf ein Verbot hinsichtlich der Ausfuhr von in Zwangsarbeit hergestellten Produkten aus dem EU-Binnenmarkt.

Der Verordnungsvorschlag befindet sich derzeit im EU-Gesetzgebungsverfahren. Das Europäische Parlament hat im April 2023 einen Berichtsentwurf mit Änderungsvorschlägen zum Verordnungsvorschlag vorgelegt. Für ein Inkrafttreten muss der Vorschlag sowohl vom Europäischen Parlament als auch vom Rat der Europäischen Union gebilligt werden. Geltung erlangen wird die Verordnung 24 Monate nach ihrem Inkrafttreten.

Die EU-Kommission beschreibt als Ziel des Verordnungsvorschlags „ein wirksames Verbot zu erlassen, sodass Produkte, die in Zwangsarbeit, einschließlich Zwangsarbeit von Kindern, hergestellt wurden, nicht auf dem EU-Markt in den Verkehr gebracht oder bereitgestellt oder aus der EU ausgeführt werden dürfen. Dieses Verbot gilt sowohl für innerhalb der EU hergestellte als auch eingeführte Produkte. Auf der Grundlage internationaler Standards und in Ergänzung zu bestehenden horizontalen und sektorbezogenen Initiativen der EU, insbesondere bezüglich der Sorgfaltspflichten im Hinblick auf Nachhaltigkeit und der entsprechenden Berichtspflichten von Unternehmen, wird in diesem Vorschlag ein Verbot festgelegt, das durch einen robusten, risikobasierten Rahmen unterstützt wird." (COM(2022) 453 final, 2022/0269(COD)).

Hintergrundinformation
Die Internationale Arbeitsorganisation (IAO) geht davon aus, dass im Jahr 2021 weltweit immer noch ca. 28 Mio. Menschen von Zwangsarbeit betroffen waren, obwohl sich die internationale Gemeinschaft bereits im Jahr 2015 im Rahmen der Verabschiedung der Ziele für nachhaltige Entwicklung (Sustainable Development Goals) zu einer Abschaffung von Zwangsarbeit bis zum Jahr 2030 verpflichtet hat.
Die EU sieht sich auch aufgrund der EU-Verträge in der Verpflichtung, Menschenrechte weltweit zu achten. Zu den Menschenrechten gehören Arbeitnehmerrechte. Diese möchte

die EU als Teil der EU-Agenda für Menschenrechte und des EU-Aktionsplans für Menschenrechte und Demokratie 2020–2024 weltweit im Wege der Förderung der Abschaffung von Zwangsarbeit und der Umsetzung internationaler Standards für verantwortungsvolles unternehmerisches Handeln schützen.

2.3.5.1 Anwendungsbereich

Der Verordnungsvorschlag knüpft in persönlicher Hinsicht an den Begriff des „Wirtschaftsakteurs" an. Wirtschaftsakteur ist jede natürliche oder juristische Person oder Personenvereinigung. Auch mittelständische und kleine Unternehmen sind folglich von dem Verordnungsentwurf erfasst, soweit sie Produkte auf dem Unionsmarkt in den Verkehr bringen oder bereitstellen oder Produkte ausführen.

Die EU-Kommission nimmt in ihrem Verordnungsvorschlag ausdrücklich Bezug auf Unternehmen, die im sog. KMU-Sektor tätig sind, und erläutert, warum im Ergebnis – trotz des Erfüllungsaufwands und der nur begrenzten Ressourcen von KMUs – auch diese vollumfänglich verpflichtet werden sollen.

Wirtschaftsakteure dürfen in Zwangsarbeit hergestellte Produkte weder auf dem Unionsmarkt in den Verkehr bringen oder bereitstellen, noch dürfen sie solche Produkte ausführen (Art. 3 Verordnungsvorschlag). Produkt wird definiert als jedes Produkt, das einen Geldwert hat und als solches Gegenstand von Handelsgeschäften sein kann, unabhängig davon, ob es gewonnen, geerntet, erzeugt oder hergestellt wird, einschließlich der ein Produkt betreffenden Be- oder Verarbeitung auf einer beliebigen Stufe seiner Lieferkette.

Der Begriff der „Zwangsarbeit" wird anlehnend an das IAO-Übereinkommen Nr. 29 aus dem Jahr 1930 definiert (Art. 2 Verordnungsvorschlag). Danach ist Zwangsarbeit jede Art von Arbeit oder Dienstleistung, die von einer Person unter Androhung irgendeiner Strafe verlangt wird und für die sie sich nicht freiwillig zur Verfügung gestellt hat. Diese Definition entspricht § 2 Abs. 2 Nr. 3 LkSG.

Mit dem Verordnungsvorschlag soll ein umfassender Schutz vor Zwangsarbeit erreicht werden. Eine Differenzierung nach Art oder Branche eines Produkts wird nicht vorgenommen. Bereits ein entsprechendes Angebot von Produkten im Internet fällt unter den Anwendungsbereich des Vorschlags, wenn sich das Verkaufsangebot an Nutzer in der Union richtet.

Hintergrundinformation
Für Unternehmen kann die Vielzahl neuer Gesetzesvorhaben im Bereich Nachhaltigkeit verwirrend sein. Manch Verantwortlicher stellt sich möglicherweise die Frage, was mit dem

2.3 Supply Chain Compliance

Vorschlag einer EU-Lieferkettenrichtlinie und was mit dem hier diskutierten Verordnungsvorschlag zum Verbot von in Zwangsarbeit hergestellten Produkten geregelt werden soll. Gemein ist den Vorschlägen, dass beide die Auswirkungen von Zwangsarbeit erfassen. Hervorzuheben ist, dass der Vorschlag einer Verordnung zum Verbot von in Zwangsarbeit hergestellten Produkten auf dem Unionsmarkt weit über den Inhalt der geplanten EU-Lieferkettenrichtlinie hinausgeht. Während die EU-Lieferkettenrichtlinie im Entwurf nur darauf abzielt, Unternehmen zu Sorgfalt und Rechenschaft in Bezug auf ihre Wertschöpfungsketten zu verpflichten, enthält sie kein Verbot des Inverkehrbringens und Bereitstellens von Produkten, die unter Zwangsarbeit hergestellt wurden. Waren, die unter Zwangsarbeit hergestellt wurden, können also nach wie vor in die EU gelangen. Diese Lücke will die EU mit dem Verordnungsvorschlag schließen: „Die Tatsache, dass Zwangsarbeit weiterhin weitverbreitet ist, macht deutlich, dass zusätzliche Maßnahmen ergriffen werden müssen, die auch auf Produkte abzielen, um das Inverkehrbringen und die Bereitstellung von Produkten zu verhindern, die in Zwangsarbeit hergestellt wurden." (COM(2022) 453 final, 2022/0269(COD)).

2.3.5.2 Durchsetzung

Die Durchsetzung des Verbots von in Zwangsarbeit hergestellten Produkten soll durch die von den EU-Mitgliedstaaten benannten Behörden erfolgen. Für die Sicherstellung der Einhaltung an den EU-Außengrenzen sollen die jeweiligen Zollbehörden verantwortlich sein, die die Produkte identifizieren und stoppen dürfen.

Der Verordnungsvorschlag sieht einen zweistufigen Aufbau für die Durchsetzung des Verbotes vor. An eine Vorprüfung schließt sich bei Vorliegen eines substantiierten Verdachts die Einleitung von Untersuchungen an.

2.3.5.2.1 Voruntersuchungen

Im ersten Schritt haben die Behörden im Rahmen einer Voruntersuchung zu prüfen, wie wahrscheinlich eine Verordnungsverletzung erscheint (Art. 4 Abs. 1). Hierzu haben die zuständigen Behörden alle zur Verfügung stehenden Informationen zu begutachten und auszuwerten. Die Bewertung stützt sich auf Informationen unterschiedlicher Art aus unabhängigen und überprüfbaren Quellen, u. a. Stellungnahmen der Zivilgesellschaft und einer noch bereitzustellenden Datenbank für Bereiche und Produkte mit Zwangsarbeitsrisiko (Art. 11). Von den Behörden soll ein risikobasierter Ansatz verfolgt werden, wenn sie die Wahrscheinlichkeit bewerten, dass Wirtschaftsakteure gegen das Verbot in Art. 3 verstoßen haben (Art. 4). Ein Tätigwerden der zuständigen Behörden soll vor allem in den Bereichen erfolgen, in denen das Zwangsarbeitsrisiko am größten ist und die stärksten Auswirkungen zu erwarten sind.

> **Wichtig**
> Die EU-Kommission erläutert in ihrem Verordnungsvorschlag, dass auf Ebene der Durchsetzung Schwerpunkte wahrscheinlich auf größere Wirtschaftsakteure gelegt würden, die in frühen Phasen der EU-Wertschöpfungskette tätig seien. Beispielhaft verweist die Kommission auf Importeure, Hersteller, Produzenten oder Produktlieferanten.
> Insbesondere größere Unternehmen sowie Unternehmen, die in für den Einsatz von Zwangsarbeit besonders risikoaffinen Branchen, wie etwa der Textilbranche, tätig sind, sollten sich also frühzeitig mit dem Verordnungsvorschlag und den daraus resultierenden Rechtspflichten vertraut machen.

Der Entwurf sieht vor, dass bevor die zuständige Behörde eine Untersuchung einleitet, sie von dem zu bewertenden Wirtschaftsakteur Informationen über die Maßnahmen anfordern muss, die ergriffen wurden, um das Zwangsarbeitsrisiko in den Geschäftstätigkeiten und Wertschöpfungsketten in Bezug auf die zu bewertenden Produkte zu ermitteln, zu verhindern, zu minimieren oder zu beenden (Art. 4 Abs. 3). Die Wirtschaftsakteure haben auf eine solche behördliche Aufforderung innerhalb von 15 Arbeitstagen ab Erhalt der Aufforderung mit einer Antwort zu reagieren (Art. 4 Abs. 4).

2.3.5.2.2 Untersuchungen

Hat die Voruntersuchung ergeben, dass ein substantiierter Verdacht für eine Verordnungsverletzung vorliegt, haben die zuständigen Behörden nach dem Verordnungsvorschlag Untersuchungen einzuleiten (Art. 4 Abs. 5 i.V. mit Art. 5).

Eine Untersuchung wird nicht eingeleitet, wenn das Unternehmen die geltenden Rechtsvorschriften, Leitlinien, Empfehlungen oder sonstigen Sorgfaltspflichten in Bezug auf Zwangsarbeit in einer Weise anwendet, die das Zwangsarbeitsrisiko minimiert, verhindert oder beendet (Art. 4 Abs. 7).

Die zuständige Behörde berücksichtigt in angemessener Weise, wenn der Wirtschaftsakteur anhand von Feststellungen zu Auswirkungen von Zwangsarbeit in seiner Lieferkette nachweist, dass er seine Sorgfaltspflichten ausübt, und er Maßnahmen ergreift und Maßnahmen durchführt, die geeignet und wirksam sind, Zwangsarbeit innerhalb kurzer Zeit zu beenden (Art. 4 Abs. 6).

Der Behörde steht nach dem Verordnungsvorschlag bei der Beurteilung dessen, ob ein Verstoß vorliegt, Ermessensspielraum zu.

2.3 Supply Chain Compliance

> **Übersicht**
> Bei festgestellten Verstößen erfolgt umgehend (Art. 6 Abs. 4 Verordnungsvorschlag):
>
> - Ein Verbot des Produktes (für Im- und/oder Export)
> - Die Anordnung der Rücknahme des Produktes vom Unionsmarkt
> - Das Aus-dem-Verkehr-Ziehen des Produktes

2.3.5.3 Etwaige Compliance-Anforderungen an Unternehmen

Sollte dieser Verordnungsvorschlag von den europäischen Institutionen verabschiedet werden, treffen Unternehmen noch wesentlich weitergehende Compliance-Pflichten. Allerdings bleibt auch insoweit der finale Verordnungstext abzuwarten.

Anders als etwa das LkSG verpflichtet der Verordnungsvorschlag Unternehmen zwar nicht explizit zur Implementierung eines Risikomanagementsystems. Allerdings obliegt Unternehmen im Rahmen des zweistufigen Prüfverfahrens eine Auskunftspflicht. Im Rahmen der Auskunftspflicht haben sie detailliert mitzuteilen, welche Handlungen und Vorkehrungen sie bereits zur Bekämpfung von Zwangsarbeit in ihren Lieferketten getroffen haben. Um dieser Auskunftspflicht überhaupt innerhalb der eher kurz bemessenen Frist von 15 Tagen nachkommen zu können, wären Unternehmen erneut gut beraten, u. a. im Wege regelmäßiger interner Untersuchungen genau zu ermitteln, was in ihrer Lieferkette eigentlich passiert, bspw. mit welchen Geschäftspartnern sie zusammenarbeiten, aus welchen Regionen der Welt sie Rohstoffe und Produkte beziehen und welche Risiken an diesen Orten bestehen. Es ist davon auszugehen, dass die zuständigen Behörden substantiierte Informationen verlangen werden und sich mit Nachweisen aus allgemein zugänglichen Quellen nicht zufriedengeben werden. Interne Untersuchungen werden also auch in diesem Kontext Bedeutung erlangen.

Ein Verstoß sollte auch angesichts der vergleichsweise scharfen Sanktionen unbedingt vermieden werden. Wird ein Verstoß festgestellt, hat das Unternehmen nach dem Vorschlag das jeweilige Produkt vom Markt zu nehmen und zu vernichten. Dies ist regelmäßig mit massiven Reputationsschäden verbunden.

2.4 Richtlinie über die Nachhaltigkeitsberichterstattung (CSRD)

Neben Gesetzesvorhaben zum Thema Supply Chain Compliance ist zweite wichtige Säule der europäischen ESG-Gesetzgebung die sog. Nachhaltigkeitsberichterstattung.

Zu diesem Zweck hat die EU in der jüngeren Vergangenheit u. a. die Richtlinie über die Nachhaltigkeitsberichterstattung von Unternehmen – EU Corporate Sustainability Reporting Directive (CSRD) und die dazu gehörigen Europäischen Standards für die Nachhaltigkeitsberichterstattung (ESRS) auf den Weg gebracht.

Die CSRD (Richtlinie (EU) 2022/2464 des Europäischen Parlaments und des Rates vom 14.12.2022 zur Änderung der Verordnung (EU) Nr. 537/2014 und der Richtlinien 2004/109/EG, 2006/43/EG und 2013/34/EU hinsichtlich der Nachhaltigkeitsberichterstattung von Unternehmen) ist am 05.01.2023 in Kraft getreten und sieht für Unternehmen im Anwendungsbereich eine umfassende Pflicht zur Nachhaltigkeitsberichterstattung vor.

Hintergrundinformation
Die Vorgängerregelung war die europäische CSR-Richtlinie (Richtlinie 2014/95/EU vom 22.10.2014 zur Änderung der Richtlinie 2013/34/EU im Hinblick auf die Angabe nichtfinanzieller und die Diversität betreffender Informationen durch bestimmte große Unternehmen und Gruppen; gebräuchlicher englischer Titel: „Non-Financial Reporting Directive" – „NFRD").

Die CSR-Richtlinie wurde in Deutschland umgesetzt durch das CSR-Richtlinien-Umsetzungsgesetz (Gesetz zur Stärkung der nichtfinanziellen Berichterstattung der Unternehmen in ihren Lage- und Konzernlageberichten – CSR-RUG).

Bereits die CSR-Richtlinie normierte – wie der Name bereits besagt – Vorgaben im Hinblick auf die gesellschaftliche Verantwortung von Unternehmen („Corporate Social Responsibility").

Die neue CSRD folgt der CSR-Richtlinie unter neuem Titel und erweitertem Inhalt, um Lücken in der CSR-Richtlinie auszuräumen und dem European Green Deal und dem EU-Aktionsplan Finanzierung nachhaltigen Wachstums zu entsprechen.

Auf Unternehmen kommen mit der CSRD erhebliche neue Pflichtaufgaben zu. Denn die bereits bestehende Pflicht zur nichtfinanziellen Berichterstattung (Non-Financial Reporting Directive – „NFRD") wird mit der CSRD noch deutlich ausgeweitet. Unternehmen müssen nun umfangreicher und entsprechend einheitlicher europäischer Maßstäbe (ESRS) Bericht über Nachhaltigkeitsaspekte erstatten. Zweck ist eine Vereinheitlichung der Berichtsstandards und eine Verbesserung der Informationsstandards und Informationsqualität zum Schutze von Bürgern, Investoren, Unternehmen sowie Geschäftspartnern von Unternehmen.

2.4 Richtlinie über die Nachhaltigkeitsberichterstattung (CSRD)

Das erste Set von ESRS-Standards wurde im Juli 2023 als delegierter Rechtsakt veröffentlicht. Dabei handelt es sich um einheitliche europäische Standards zur Nachhaltigkeitsberichterstattung. Sie sind als integraler Bestandteil der CSRD von betroffenen Unternehmen verpflichtend anzuwenden. Die Veröffentlichung weiterer, u. a. sektorspezifischer Standards ist angekündigt für den Zeitraum bis Juni 2024.

▶ **Wichtig**
In der Vergangenheit hatten Unternehmen insbesondere über Finanzinformationen jährlich Bericht zu erstatten. Zusätzlich mussten einige Unternehmen jährlich über gewisse Nachhaltigkeitsaspekte berichten.
Mit der CSRD wird nun eine große Anzahl von Unternehmen zu einer umfassenden Nachhaltigkeitsberichterstattung verpflichtet. Folge wird sein, dass Finanz- und Nachhaltigkeitsinformationen künftig gleichwertiger Bestandteil eines Lageberichts sein werden.

2.4.1 Anwendungsbereich

Unternehmen müssen zunächst feststellen, ob sie überhaupt in den Anwendungsbereich der CSRD fallen. Wenn dies der Fall ist, ist in einem zweiten Schritt zu prüfen, ab wann eine Berichtspflicht besteht.

2.4.1.1 Persönlicher Anwendungsbereich

Der persönliche Anwendungsbereich wird unter der Richtlinie erheblich ausgeweitet, sodass nun deutlich mehr Unternehmen als unter dem alten Recht zur Nachhaltigkeitsberichterstattung verpflichtet werden. Schätzungen gehen davon aus, dass infolge des Inkrafttretens der CSRD künftig 15.000 deutsche Unternehmen berichtspflichtig werden. Unter der Vorgängerregelung waren lediglich ca. 500 deutsche Unternehmen berichtspflichtig. In der gesamten EU wird mit ca. 49.000 berichtspflichtigen Unternehmen gerechnet.

Verpflichtet werden anders als früher nicht mehr nur kapitalmarktorientierte Unternehmen. Erfasst werden vielmehr alle großen Unternehmen, die zwei der nachfolgenden drei Kriterien an zwei aufeinanderfolgenden Abschlussstichtagen erfüllen: 20 Mio. EUR Bilanzsumme, 40 Mio. EUR Nettoumsatzerlöse und im Durchschnitt mehr als 250 Mitarbeiter. Kleine und mittlere Unternehmen sind vom Anwendungsbereich der Richtlinie erfasst, wenn eine Kapitalmarktorientierung vorliegt. Für Versicherungsunternehmen und Kreditinstitute gilt die CSRD unabhängig von ihrer Rechtsform.

Auch Unternehmen aus dem EU-Ausland, sog. Drittstaatenunternehmen, können unter den Anwendungsbereich der Richtlinie fallen, vorausgesetzt, sie haben eine Zweigniederlassung (Nettoumsatzerlöse von mehr als 40 Mio. EUR) oder Tochtergesellschaft (groß oder börsennotiert) in der EU und haben dort in den beiden letzten aufeinander folgenden Geschäftsjahren einen Umsatz von mehr als 150 Mio. EUR erzielt. Liegen diese Anforderungen vor, gilt auch für sie ab 2028 die Nachhaltigkeitsberichterstattungspflicht.

▶ **Wichtig**
Wichtig ist, dass es auch im Rahmen der Nachhaltigkeitsberichterstattung zu einem Kaskadeneffekt kommen kann.

Unternehmen, die zwar nicht selbst in den Anwendungsbereich der CSRD fallen, können mittelbar zur Datenerhebung in puncto Nachhaltigkeit gezwungen sein, wenn sie von Geschäftspartnern, die selbst den CSRD-Pflichten unterliegen, zur Offenlegung von Daten aufgefordert werden. Dies ist bspw. denkbar in Bezug auf Informationen über die Wertschöpfungskette, d. h., wenn Unternehmen als Lieferant für berichtspflichtige Unternehmen tätig werden. Auch als Kreditnehmer eines berichtspflichtigen Finanzinstituts werden Berichtspflichten gegenüber dem Finanzinstitut erfüllt werden müssen.

Um nicht eine Gefährdung der bestehenden Geschäftsbeziehung zu riskieren, werden also auch nicht selbst berichtspflichtige Unternehmen faktisch zur Offenlegung von ESG-Informationen gezwungen werden.

2.4.1.2 Zeitlicher Anwendungsbereich: Erstmalige Nachhaltigkeitsberichtspflicht

Unternehmen, die Bericht erstatten müssen, müssen in einem zweiten Schritt feststellen, ab wann die Berichtspflichten für sie Geltung beanspruchen. Für die erstmalige Nachhaltigkeitsberichtspflicht ist eine gestaffelte Anwendung vorgesehen.

- Ab Geschäftsjahr 2024: Unternehmen, die bereits zuvor den Regelungen der nichtfinanziellen Berichterstattung (NFRD) unterlagen, müssen ab dem Geschäftsjahr 2024 einen Nachhaltigkeitsbericht abgeben.
- Ab Geschäftsjahr 2025: Andere große Unternehmen, die nicht der NFRD unterliegen, müssen ab dem Geschäftsjahr 2025 einen entsprechenden Bericht

2.4 Richtlinie über die Nachhaltigkeitsberichterstattung (CSRD)

erstellen. Als große Unternehmen gelten Unternehmen, die zwei von drei Kriterien – Bilanzsumme, Umsatzerlös oder Mitarbeiterzahl – erfüllen.
- Ab Geschäftsjahr 2026: Für börsennotierte kleine und mittlere Unternehmen sowie kleine und nicht komplexe Kreditinstitute und firmeneigene Versicherungsunternehmen gilt die Pflicht zur Nachhaltigkeitsberichterstattung erst ab dem Geschäftsjahr 2026. Kleinstunternehmen werden nicht erfasst.
- Ab Geschäftsjahr 2028: Unternehmen aus Drittländern mit einem Nettoumsatz von über 150 Mio. EUR in der EU, sofern sie wenigstens ein Tochterunternehmen oder eine Zweigniederlassung in der EU haben und weitere Schwellenwerte überschreiten, haben die Pflicht zur Nachhaltigkeitsberichterstattung ab dem Geschäftsjahr 2028 zu erfüllen.

2.4.2 Form und Inhalt der Berichterstattung

Mit der CSRD hat die EU für diverse ESG-Themen nun eine einheitliche Berichterstattung für ihr gesamtes Hoheitsgebiet eingeführt.

Infolge der Veröffentlichung der ESRS Ende Juli 2023, die von der European Financial Reporting Advisory Group („EFRAG") als verpflichtende Standards für den Nachhaltigkeitsbericht ausgearbeitet wurden, liegen mittlerweile verbindliche EU-Nachhaltigkeitsstandards vor. Dieses erste Set von ESRS aus Juli 2023 konkretisiert die Berichtsanforderungen und ist als Kern-Standard zu verstehen. Das erste Set von ESRS legt fest, über welche Informationen Unternehmen Bericht zu erstatten haben, und konkretisiert zudem, in welcher Struktur die Informationen vorzulegen sind. Nachfolgend sollen weitere sektorspezifische Kataloge sowie für Drittstaaten und Kleinunternehmen spezifische Kataloge bis zum Ende der Umsetzungsfrist 2024 ausgearbeitet werden.

Hintergrundinformation
Die CSRD legen fest, zu welchen Informationen Unternehmen Bericht erstatten müssen. Es handelt sich um die drei Oberthemen: Umwelt-, Sozial- und Menschenrechts- sowie Governance-Faktoren.
Zu den Umweltfaktoren gehören die Unterthemen Klimaschutz, Anpassung an den Klimawandel, Wasser- und Meeresressourcen, Ressourcennutzung und Kreislaufwirtschaft, Verschmutzung und Biodiversität und Ökosysteme.
Zu den Sozial- und Menschenrechtsfaktoren gehören: Gleichbehandlung und Chancengleichheit für alle, einschließlich Geschlechtergerechtigkeit und gleichem Lohn bei gleichwertiger Arbeit, Ausbildung und Kompetenzentwicklung, Beschäftigung und Inklusion von

Menschen mit Behinderungen, Maßnahmen gegen Gewalt und Belästigung am Arbeitsplatz sowie Vielfalt; Arbeitsbedingungen, einschließlich sicherer Beschäftigung, Arbeitszeit, angemessene Löhne, sozialer Dialog, Vereinigungsfreiheit, Existenz von Betriebsräten, Tarifverhandlungen, einschließlich des Anteils der Arbeitnehmer, für die Tarifverträge gelten, Informations-, Anhörungs- und Mitbestimmungsrechte der Arbeitnehmer, Vereinbarkeit von Beruf und Privatleben sowie Gesundheit und Sicherheit; Achtung der Menschenrechte, Grundfreiheiten, demokratische Grundsätze und Standards, die in der Internationalen Charta der Menschenrechte und anderen grundlegenden Menschenrechtsübereinkommen der Vereinten Nationen, einschließlich des Übereinkommens der Vereinten Nationen über die Rechte von Menschen mit Behinderungen und der Erklärung der Vereinten Nationen über die Rechte der indigenen Völker, sowie in der Erklärung der Internationalen Arbeitsorganisation über grundlegende Prinzipien und Rechte bei der Arbeit und den grundlegenden Übereinkommen der Internationalen Arbeitsorganisation (IAO), der Europäischen Konvention zum Schutz der Menschenrechte und Grundfreiheiten, der europäischen Sozialcharta und der Charta der Grundrechte der Europäischen Union festgelegt sind.

Zu den Governance-Faktoren gehören: die Rolle der Verwaltungs-, Leitungs- und Aufsichtsorgane des Unternehmens im Zusammenhang mit Nachhaltigkeitsaspekten und ihre Zusammensetzung sowie ihr Fachwissen und ihre Fähigkeiten zur Wahrnehmung dieser Rolle oder ihr Zugang zu solchem Fachwissen und solchen Fähigkeiten; Hauptmerkmale der internen Kontroll- und Risikomanagementsysteme des Unternehmens in Bezug auf den Prozess der Nachhaltigkeitsberichterstattung und der Beschlussfassung; Unternehmensethik und Unternehmenskultur, einschließlich der Bekämpfung von Korruption und Bestechung, des Schutzes von Hinweisgebern und des Tierwohls; Tätigkeiten und Verpflichtungen des Unternehmens im Zusammenhang mit der Ausübung seines politischen Einflusses, einschließlich seiner Lobbytätigkeiten; die Pflege und die Qualität der Beziehungen zu Kunden, Lieferanten und Gemeinschaften, die von den Tätigkeiten des Unternehmens betroffen sind, einschließlich Zahlungspraktiken, insbesondere in Bezug auf verspätete Zahlungen an kleine und mittlere Unternehmen.

Zur Eingrenzung der Inhalte, über die ein betroffenes Unternehmen berichten muss, müssen Unternehmen eine sog. Wesentlichkeitsanalyse vornehmen. Dabei normiert die CSRD den Ansatz der „doppelten Wesentlichkeit" („double materiality"). Danach muss ein Unternehmen nicht nur die Auswirkung von Nachhaltigkeitsaspekten auf das Unternehmen betrachten (sog. outside-in-Perspektive), sondern auch die Auswirkungen seiner Unternehmenstätigkeit auf Umwelt und Gesellschaft in Betracht ziehen (sog. inside-out-Perspektive). Dieser double materiality-Standard entspricht den Anforderungen der „Global Reporting Initiative".

Die 12 ESRS enthalten sämtliche Nachhaltigkeitsaspekte, über die betroffene Unternehmen in ihrem Nachhaltigkeitsbericht nach derzeitigem Stand berichten müssen. Zu Beginn der ESRS sind in ESRS1 und ESRS2 allgemeine Standards für die Nachhaltigkeitsberichterstattung nach ESRS enthalten. ESRS1 normiert

2.4 Richtlinie über die Nachhaltigkeitsberichterstattung (CSRD)

die allgemeinen Anforderungen und ESRS2 die allgemeinen Angaben, die hinsichtlich aller berichtspflichtigen ESG-Themen (ESRS E1-5, ESRS S1-4 und ESRS G1) anzuwenden sind. ESRS E1-5 enthalten umweltbezogene Standards, ESRS S1-4 normieren soziale Standards und ESRS G1 enthält Standards zur Unternehmenspolitik.

Nach dem auch in den ESRS niedergelegten Ansatz zur doppelten Wesentlichkeit („double materiality"), der Grundlage für die Angabe von Nachhaltigkeitsinformationen ist, unterliegt ein Nachhaltigkeitsaspekt der Berichtspflicht,

- wenn sich der Nachhaltigkeitsaspekt auf die wesentlichen tatsächlichen oder potenziellen, positiven oder negativen Auswirkungen des Unternehmens auf Menschen oder die Umwelt innerhalb kurz-, mittel- oder langfristiger Zeithorizonte bezieht (sog. „impact materiality") und/oder
- wenn der Nachhaltigkeitsaspekt erhebliche finanzielle Auswirkungen auf das Unternehmen nach sich zieht oder wenn diese nach vernünftigem Ermessen zu erwarten sind (sog. „financial materiality").

Kommt ein Unternehmen zu der Überzeugung, dass eines der genannten Nachhaltigkeitsthemen auf Basis der Wesentlichkeitsanalyse wesentlich ist, muss das Unternehmen entsprechend der in den ESRS normierten Anforderungen berichten.

Unternehmen, die von der Berichtspflicht erfasst sind, müssen Nachhaltigkeitsinformationen in ihren Lagebericht aufnehmen und in einem einheitlichen elektronischen Berichtsformat digital vorlegen.

Nachhaltigkeitsinformationen sind „zur Erlangung begrenzter Prüfungssicherheit" bzw. später „zur Erlangung hinreichender Prüfungssicherheit" extern durch einen Abschlussprüfer oder eine Prüfungsgesellschaft zu prüfen.

2.4.3 Verhältnis zur EU-Taxonomie Verordnung

Die EU-Taxonomie Verordnung (Verordnung (EU) 2020/852 des Europäischen Parlaments und des Rates vom 18.06.2020 über die Einrichtung eines Rahmens zur Erleichterung nachhaltiger Investitionen und zur Änderung der Verordnung (EU) 2019/2088) verpflichtet betroffene Unternehmen seit dem 01.01.2022 zum Bericht über die Nachhaltigkeit ihrer Unternehmenstätigkeit. Die EU-Taxonomie ist eine Methode zur Bewertung, wie nachhaltig bestimmte Wirtschaftstätigkeiten sind. Mit Hilfe des in der EU-Taxonomie vorgesehenen Klassifizierungssystems sollen Investitionsentscheidungen erleichtert und sog. Greenwashing wirksamer bekämpft werden können.

Alle künftig nach CSRD berichtspflichtigen Unternehmen müssen darauf achten, dass die gemeldeten Informationen auch mit anderen EU-Vorschriften, einschließlich der EU-Taxonomie Verordnung, übereinstimmen.

2.4.4 Umsetzungsfrist

Für die Umsetzung der CSRD in das jeweilige nationale Recht wurde den Mitgliedstaaten eine Frist von 18 Monaten ab Inkrafttreten gesetzt. Da die Richtlinie am 05.01.2023 in Kraft getreten ist, haben die Mitgliedstaaten die Richtline bis zum 06.07.2024 umzusetzen.

2.4.5 Compliance-Anforderungen an Unternehmen

Noch hat der deutsche Gesetzgeber das CSRD-Umsetzungsgesetz nicht erlassen. Schon heute steht indes fest, dass es durch die CSRD zu einer signifikanten Ausweitung des Anwendungsbereichs der Nachhaltigkeitsberichterstattung kommen wird. Die Komplexität an Informationen, die zur Verfügung gestellt werden muss, dürfte viele Unternehmen vor Herausforderungen stellen. Unternehmen müssen alle internen Abteilungen einbinden, um die erforderlichen Informationen zusammenzustellen. Hier kommt es auch auf ein effizientes Datenmanagement zur Datenerhebung und Datenanalyse an. Ein entsprechendes Reportingsystem einschließlich der notwendigen internen Prozesse ist zu implementieren. Um die umfassenden Rechtspflichten fristgemäß erfüllen zu können, werden Mitarbeiter geschult werden müssen. Außerdem werden unternehmensinterne KPIs (Key Performance Indicators) für den Bereich ESG entwickelt werden müssen.

Für Unternehmen mit Geschäftstätigkeit in Emerging Markets und Entwicklungsländern ist wichtig, dass die Pflicht zur Berichterstattung sich unter CSRD auch auf Risiken und Chancen und ökologische und soziale Auswirkungen in Wertschöpfungsketten erstreckt. Es bestehen also gewisse Parallelen zum LkSG. ESRS sieht Offenlegungspflichten in Bezug auf die eigene Belegschaft (ESRS S1), Arbeitskräfte in der Wertschöpfungskette (ESRS2 S2) und betroffene Gemeinschaften (ESRS S3) vor (siehe bereits hierzu unter Abschn. 2.4.2). Hier sind – je nach Aufstellung eines Unternehmens – u. U. umfangreiche Untersuchungen des Auslandsgeschäfts erforderlich, um die relevanten Informationen im ersten Schritt überhaupt sammeln zu können. Wichtig im Hinblick auf die erforderlichen Informationen ist auch, dass nach CSRD und ESRS deutlich breiter über Umweltthemen als im Rahmen des LkSG zu berichten ist.

Die neuen Transparenzanforderungen können für Unternehmen mit Chancen und Risiken verbunden sein. Reputationsrisiken können sich für diejenigen Unternehmen ergeben, für die Nachhaltigkeitsaspekte bislang noch nicht bedeutsam waren und die daher bislang keinen Überblick über die erforderlichen Daten haben, sowie für Unternehmen, die ihren Berichtspflichten nicht nachkommen. Unternehmen, die in Nachhaltigkeitsaspekten hingegen gut aufgestellt sind, können zusätzliches Vertrauen von Investoren, Geschäftspartnern und Endkunden gewinnen. Mit der Verschärfung der Berichtspflichten steigt insgesamt der Druck auf Unternehmen, dem Thema Nachhaltigkeit, u. a. in Liefer- und Wertschöpfungsketten, noch mehr Aufmerksamkeit als bislang zu schenken.

2.5 Korruptionsvermeidung

Anders als die zuvor behandelten Themen Menschenrechte, Verbot von Kinder- und Zwangsarbeit und Umweltschutz, gehört der nun folgende Abschnitt zur Korruptionsbekämpfung zu den klassischen Compliance-Themen. Maßnahmen zur Korruptionsvermeidung berühren das „G", also governance (= Unternehmensführung), in ESG.

Während die Verletzung von Menschenrechten in Deutschland die Ausnahme ist, ist strafbares Verhalten aus dem Bereich Korruption auch in Unternehmen, die ausschließlich in Deutschland tätig sind, ein Dauerthema. Umfassende Compliance-Maßnahmen zur Korruptionsvermeidung wurden daher mittlerweile in vielen deutschen Unternehmen in Gestalt von Grundsatzerklärungen, Anti-Korruptionsrichtlinien und regelmäßigen Mitarbeiterschulungen umgesetzt.

Hier soll es daher auch nicht um eine allgemeine Erläuterung der Rechtspflichten im Zusammenhang mit Korruptionsvermeidung gehen. Vielmehr soll das Thema im Hinblick auf die im Auslandskontext und die in Emerging Markets spezifisch bestehenden Risiken behandelt werden. Dabei sei vorweggeschickt, dass jede Form der Korruption ein erhebliches Compliance-Risiko für Unternehmen darstellt.

2.5.1 Korruption in Emerging Markets

In Emerging Markets ist Korruption regelmäßig ein Problem wirtschaftlichen, politischen und sozialen Ausmaßes. Der eher umgangssprachliche Begriff „Korruption" ist dabei nicht klar definiert. Oftmals werden von dem Begriff verschiedene Erscheinungsformen, wie etwa Unterschlagung, Bestechung, Bestechlichkeit, Vorteilsgewährung, Vorteilsannahme, Veruntreuung und irreführende Finanzberichte, erfasst.

Korruption hat regelmäßig weitreichende Folgen für das Wirtschaftswachstum und die Entwicklung eines Landes, da Korruption ungleiche Wettbewerbsbedingungen schafft. Die Folge sind Preis- und Marktverzerrungen. Korruption untergräbt zudem die Rechtsstaatlichkeit und das Vertrauen der Öffentlichkeit in Amtsträger und öffentliche Institutionen. Auch kann die Attraktivität eines Wirtschaftsstandortes für ausländische Investitionen erheblich sinken und ausländische Investitionen können schlimmstenfalls gänzlich ausbleiben, wenn ausländische Investoren aus Sorge vor Korruptionsrisiken von Investitionen in einem Markt vollständig absehen. Das Ausbleiben ausländischer Investitionen hemmt wiederum oftmals signifikantes Wirtschaftswachstum, da der Zugang zu Investitionen und Technologien, die für eine nachhaltige Wirtschaftsentwicklung erforderlich sind, verschlossen bleibt.

Für Unternehmen, die in Schwellenländern und Entwicklungsländern aktiv sind oder sein möchten, ist wichtig zu wissen, dass der Rechtsrahmen für den Umgang mit Korruption naturgemäß von Land zu Land variiert. Zur Vermeidung von Gesetzesverstößen ist es unvermeidlich, sich mit der Rechtslage vor Ort genauestens vertraut zu machen und Compliance-Maßnahmen (auch) entsprechend der Lage vor Ort auszurichten. Bei einer Untersuchung der Rechtslage werden Unternehmen feststellen, dass viele Schwellenländer und Entwicklungsländer zwar Gesetze erlassen haben, die Korruption eindeutig verbieten. Mitunter orientieren sich diese Regelwerke sogar an internationalen Konventionen. In der Praxis ist auch regelmäßig nicht die Nicht-Existenz gesetzlicher Verbotsnormen das Problem. Stattdessen bestehen oftmals Schwierigkeiten und Defizite in der Durchsetzung existierender Verbotsnormen, etwa weil die Durchsetzung dieser Gesetze durch die Stellen, die eigentlich zur Durchsetzung verpflichtet sind, nämlich die Strafverfolgungsbehörden, gänzlich unterbleibt oder Verfahren nur schleppend vorankommen. Die Gründe hierfür können wiederum mannigfaltig sein. Neben Korruption innerhalb der Strafverfolgungsbehörden selbst sind mitunter auch mangelnde Ressourcen ursächlich.

Hinzu kommt, dass in manchen Schwellen- und Entwicklungsländern Korruption derart weit verbreitet ist, dass sie (schon fast) gesellschaftlich akzeptiert ist.

2.5 Korruptionsvermeidung

Dies hat insbesondere in der Vergangenheit manchen Beobachter dazu veranlasst, Korruption als unvermeidbaren Nebeneffekt für eine aufstrebende Geschäftstätigkeit im Ausland anzusehen. In Schwellen- und Entwicklungsländern gebe es keine Möglichkeit, Geschäfte zu tätigen, ohne zuvor Schmiergelder bezahlt zu haben, ist eine verbreitete Meinung.

Heute können sich Unternehmen, die im Ausland tätig sind, auf einen solchen Standpunkt nicht mehr zurückziehen ohne erhebliche Strafbarkeitsrisiken u. a. in ihrer Heimatrechtsordnung einzugehen. In den vergangenen Jahrzehnten wurden in vielen Ländern die Standards zur Bekämpfung von Korruption stetig erhöht, sodass Antikorruptionsgesetze zunehmend extraterritoriale Wirkung entfalten. Prominente Beispiele sind der US Foreign Corrupt Practices Act (FCPA) und der U.K. Bribery Act (UKBA). Derartige Gesetze erhöhen den Druck auf Unternehmen, sich bei Auslandsgeschäften – mitunter sogar, wenn kein offensichtlicher Bezug zu diesen Rechtsordnungen besteht – rechtskonform zu verhalten.

Korruptionsvermeidung sollte daher in Unternehmen gerade auch in Bezug auf Auslandsgeschäfte oberste Priorität haben und das Thema durch die Geschäftsleitung fortlaufend angemessen betreut werden. Dies gilt in gesteigertem Maße für Unternehmen, die in Märkten tätig sind, die erhöhten Korruptionsrisiken ausgesetzt sind.

2.5.2 Schwarze Kassen

Der eigentlichen Bestechungshandlung vorgelagert ist mitunter das Einrichten sog. schwarzer Kassen.

▶ **Definition**
Unter „schwarzen Kassen" oder auch „verdeckten Kassen" versteht man das Entziehen von Geldmitteln aus dem regulären Geldkreislauf eines Unternehmens, um es dann auf außerhalb dieses Geldkreislaufes befindliche Konten zu transferieren oder es außerhalb dieses Geldkreislaufes befindlichen Kassen oder Treuhändern zuzuführen.

Die Gelder können sodann in einem nachfolgenden Schritt für Bestechungen oder Schmiergeldzahlungen an Dritte (etwa an Amtsträger oder andere Unternehmen im Zusammenhang mit der Akquise von Aufträgen) genutzt werden, da sie nicht mehr in der offiziellen Buchhaltung eines Unternehmens auftauchen.

Mit einer solchen Handlung wird in Deutschland gegen die Pflicht zur ordnungsgemäßen und vollständigen Buchführung, die aus § 239 Abs. 2 des Handelsgesetzbuches (HGB) folgt, verstoßen.

Der Bundesgerichtshof hat außerdem in einer Entscheidung aus dem Jahr 2008 (BGHSt 52, 323), die auch schwarze Kassen bei der Siemens AG betraf, eine Strafbarkeit wegen Untreue (§ 266 Abs. 1 Strafgesetzbuch (StGB)) bejaht. Diese – auch im Hinblick auf die Einrichtung und Unterhaltung eines Compliance-Management-Systems (CMS) – wichtige Entscheidung schildern wir nachfolgend in Kurzfassung.

Beispiel

Dass schon das Einrichten schwarzer Kassen gegen § 266 StGB verstoßen kann, hat der BGH in einer Entscheidung vom 29.08.2008 zur Siemens AG (Siemens/ENEL) entschieden.

Nachdem die Staatsanwaltschaft München I im Jahr 2006 ein System ausländischer schwarzer Kassen (u. a. in Liechtenstein und der Schweiz) bei der Siemens AG aufgedeckt hatte, mit denen im Ausland Entscheidungsträger bestochen worden waren, wurden zwei leitende Angestellte des Unternehmens vor dem Landgericht Darmstadt angeklagt. Das Landgericht Darmstadt verurteilte einen der leitenden Angestellten u. a. wegen Untreue nach § 266 StGB.

Nachdem die leitenden Angestellten, die Staatsanwaltschaft und die Nebenbeteiligte Siemens AG Revision gegen das landgerichtliche Urteil eingelegt hatten, entschied der BGH im Jahr 2008, dass leitende Angestellte eines Wirtschaftsunternehmens, die erhebliche Vermögenswerte unter Einrichtung verdeckter Kassen entziehen und vorenthalten, den Straftatbestand der Untreue verwirklichen, weil ein solches Entziehen und Vorenthalten bereits zu einem endgültigen Nachteil im Sinne des § 266 Abs. 1 StGB bei dem betroffenen Unternehmen führe.

Um einen Schaden des Unternehmens annehmen zu können, seien konkrete Bestechungszahlungen nicht notwendig, denn die Tat sei mit dem Verschweigen der Existenz der schwarzen Kassen bereits vollendet. Die Absicht leitender Angestellter, das Geld bei späterer Gelegenheit im wirtschaftlichen Interesse des treugebenden Unternehmens zu verwenden, insbesondere um durch verdeckte Bestechungszahlungen Aufträge für das Unternehmen zu gewinnen und dem Unternehmen so letztlich sogar zu einem Vermögensgewinn zu verhelfen, ändere hieran nichts.

2.5 Korruptionsvermeidung

Wichtig ist, dass der BGH seine Entscheidung zur Strafbarkeit des Verhaltens der leitenden Angestellten maßgeblich auf die Existenz interner Compliance-Regelungen der Siemens AG gestützt hatte, gegen die verstoßen worden sei. Die Existenz von Compliance-Regelungen schließe eine ausdrückliche oder stillschweigende Einwilligung des Zentralvorstands zum Unterhalten schwarzer Kassen zum Zwecke von Schmiergeldzahlungen aus. ◄

2.5.3 Bestechung

▶ **Definition**
Im deutschen Strafrecht wird zwischen der Bestechung bzw. Bestechlichkeit von Amtsträgern (§§ 332, 334. StGB) und der Bestechung bzw. Bestechlichkeit im geschäftlichen Verkehr bzw. Gesundheitswesen (§§ 299 ff. StGB) unterschieden.

Von „Bestechung von Amtsträgern" wird gesprochen, wenn einem Amtsträger als Gegenleistung für eine vorgenommene oder künftig vorzunehmende Amtshandlung pflichtverletzender Natur ein Vorteil für den Amtsträger oder einen Dritten angeboten, versprochen oder gewährt wird. Ein Amtsträger, der ein solches Angebot für sich oder einen Dritten fordert, sich versprechen lässt oder annimmt, macht sich wegen Vorteilsannahme oder wegen Bestechlichkeit (im Falle einer zusätzlichen Pflichtverletzung) strafbar. Über § 335a Abs. 1 Nr. 2 lit. a StGB wird der Anwendungsbereich der Bestechlichkeit und der Bestechung auf Bedienstete eines ausländischen Staates erstreckt.

Im Zusammenhang mit Geschäftstätigkeiten im Ausland kommt es immer wieder zum Einsatz von Bestechungsgeldern mit dem Ziel, andernfalls im Ausland bestehende bürokratische Hindernisse zu umgehen, Geschäftstransaktionen zu beschleunigen und/oder Geschäftsabschlüsse herbeizuführen. Diese Zuwendungen sind nicht zwingend auf Geldzahlungen beschränkt. Es kann sich bspw. auch um Geschenke, Gefälligkeiten, Einladungen, Spenden oder das Versprechen künftiger Vorteile handeln. Häufig sind ausländische Amtsträger, zum Beispiel Beamte, involviert, die über die Vergabe von Genehmigungen, Lizenzen oder öffentlicher Aufträge an Unternehmen der Privatwirtschaft entscheiden. Auch die Zahlung von Bestechungsgeldern an Zollbeamte ist im Ausland mitunter weit verbreitet, etwa um die Löschung und Freigabe von Waren im Transit, etwa in Häfen oder Flughäfen oder an Landgrenzen, zu beschleunigen oder überhaupt zu erwirken. Schließlich kommt es zur Bestechung von Amtsträgern im Rahmen von Immobilientransaktionen.

Im Ausland kann auch die Zahlung von Schmiergeldern an Private weit verbreitet sein. So kommt es vor, dass Unternehmen Provisionen oder andere Gebühren an Vermittler oder Agenten zahlen, damit diese ihnen im Gegenzug beim Abschluss von Verträgen mit Unternehmen der Privatwirtschaft vor Ort behilflich sind. Schließlich ist Bestechung auch im Bewerbungsverfahren denkbar, etwa wenn Bewerber oder Mitarbeiter Bestechungsgelder im Gegenzug für eine Einstellung oder eine Beförderung im Unternehmen zahlen. Unternehmen leisten im Ausland mitunter auch Spenden, einschließlich Parteispenden, als Bestechungszahlung.

2.5.4 Compliance-Maßnahmen zur Korruptionsvermeidung

Manch Unternehmen mag die Zahlung von Bestechungsgeldern bis heute als notwendige Kosten für die eigene Geschäftstätigkeit im Ausland, insbesondere in Schwellen- und Entwicklungsländern, ansehen. Sie tragen mit dieser Ansicht nicht nur zu einer problematischen Kultur der Akzeptanz vor Ort bei. Aufgrund des strafrechtlichen Rahmens setzen sich leitende Angestellte auch signifikanten Strafbarkeitsrisiken sowie Haftungsrisiken in Deutschland aus. Einige Bundesländer führen sog. Korruptionsregister, in die Unternehmen eingetragen werden, deren Beschäftigte im Rahmen der Ausübung ihrer Tätigkeit straffällig geworden sind. Zu den nach deutschem Recht bestehenden Strafbarkeitsrisiken tritt je nach den Umständen des Einzelfalls auch das Risiko einer Strafbarkeit nach ausländischem Recht.

Deutsche Unternehmen, die im Ausland tätig sind, sowie deren Leitungsorgane sollten daher keinesfalls erst dann tätig werden, wenn es bereits zu strafbarem Verhalten (im Zusammenhang mit Auslandsgeschäften) gekommen ist. Vielmehr ist präventives Handeln zur Vermeidung von Straf- und Haftungsrisiken sowie zur Vermeidung von Reputationsschäden des Unternehmens angeraten. Für Unternehmen und Entscheidungsträger wegweisend ist in diesem Zusammenhang die Entscheidung des Landgerichts München I vom 10.12.2013 (Kammer für Handelssachen, 5 HK O 1387/10). Die Entscheidung ist ebenfalls im Kontext des Siemens-Korruptionsskandals ergangen und wird seitdem auch als **Siemens/ Neubürger Entscheidung** bezeichnet. Sie gilt bis heute in Deutschland als wichtigste Entscheidung zu unternehmerischen Compliance-Pflichten. Im vorliegenden Kontext ist die Entscheidung auch wegen ihres Auslandsbezuges von besonderem Interesse, weil sie illustriert, welchen Bumerang-Effekt vermeintlich ferne Auslandssachverhalte für deutsche Führungskräfte haben können.

2.5 Korruptionsvermeidung

> **Beispiel**
>
> Die Siemens AG forderte von ihrem früheren Finanzvorstand in einem Zivilverfahren vor dem Landgericht München I Schadensersatz in Höhe von 15 Mio. EUR. Die Siemens AG legte dar, dass der frühere Finanzvorstand seine Vorstandspflichten zur Sicherstellung eines rechtmäßigen Verhaltens der Gesellschaft und deren Mitarbeiter verletzt habe, da er keine Sorge dafür getragen habe, dass die Siemens AG über ein effizientes Compliance-System verfüge habe, das auch tatsächlich angewandt und kontrolliert worden sei. Das Landgericht gab der Klage der Siemens AG ausgehend von einer Haftung des früheren Finanzvorstands aus § 93 Abs. 2 S. 1 AktG statt.
>
> Bereits die ersten beiden Leitsätze der Entscheidung enthalten für Unternehmen wichtige Handlungsanweisungen: „1. Im Rahmen seiner Legalitätspflicht hat ein Vorstandsmitglied dafür Sorge zu tragen, dass ein Unternehmen so organisiert und beaufsichtigt wird, dass keine Gesetzesverstöße wie Schmiergeldzahlungen an Amtsträger eines ausländischen Staates oder an ausländische Privatpersonen erfolgen. Seiner Organisationspflicht genügt ein Vorstandsmitglied bei entsprechender Gefährdungslage nur dann, wenn er eine auf Schadensprävention und Risikokontrolle angelegte Compliance-Organisation einrichtet. Entscheidend für den Umfang im Einzelnen sind dabei Art, Größe und Organisation des Unternehmens, die zu beachtenden Vorschriften, die geografische Präsenz wie auch Verdachtsfälle aus der Vergangenheit. 2. Die Einhaltung des Legalitätsprinzips und demgemäß die Einrichtung eines funktionierenden Compliance-Systems gehört zur Gesamtverantwortung des Vorstands."
>
> Das Gericht verwies zudem auf die Bedeutung interner Untersuchungen: „So bestand für den Beklagten vor allem auch die Verpflichtung, sich in regelmäßigen Abständen darüber in Kenntnis setzen zu lassen, welche Ergebnisse interne Ermittlungen brachten, ob personelle Konsequenzen gezogen wurden und vor allem ob und wie ein dahinter stehendes System bekämpft wird. So kann eine Überwachung der Geeignetheit des Compliance-Systems erreicht werden."
>
> Eine Häufung von verdächtigen Vorfällen löst nach dem Landgericht die folgenden Rechtspflichten aus: „Ebenso hätte darauf hingewirkt werden müssen, dass die mit der Überwachung der Compliance Vorgaben beauftragten Personen hinreichende Befugnisse haben, Konsequenzen aus Verstößen zu ziehen. Gerade die Häufung von verdächtigen Vorfällen zeigte den Vorstandsmitgliedern, dass das bisherige im Jahr 2001 eingeführte Programm „Compliance im Wettbewerb" nicht geeignet war, Schmiergeldzahlungen hinreichend sicher zu unterbinden."

Leitungsorgane können sich nicht damit entlasten, dass es sich bei „Compliance" um eine neue Materie handelt, so das Landgericht bereits im Jahr 2013: „Neu ist die Begrifflichkeit der „Compliance", nicht jedoch der dahinterstehende Grundgedanke, der Vorstand müsse dafür Sorge tragen, dass seitens der Gesellschaft und ihrer Mitarbeiter die zu beachteten gesetzlichen Vorgaben auch tatsächlich eingehalten werden."

Für Leitungsorgane ist wichtig, dass für einen Schadensersatzanspruch nach § 93 Abs. 2 AktG kein Vorsatz erforderlich ist, sondern schon leichte Fahrlässigkeit genügt.◄

Die Entscheidung verdeutlicht, dass nach deutschem Maßstab die Mitglieder der Geschäftsleitung zur präventiven Bekämpfung der Einrichtung schwarzer Kassen und von Bestechungshandlungen verpflichtet sind, umfassende Compliance-Maßnahmen in ihr Compliance-Management-System (CMS) zu integrieren und dieses laufend auf Funktionsfähigkeit und Wirksamkeit zu überprüfen und, wenn und soweit erforderlich, anzupassen. Dies gilt für rein inländische Sachverhalte genauso wie für Sachverhalte mit Auslandsbezug.

▶ **Tipp**
Konkret sollten Unternehmen u. a. die folgenden Maßnahmen zur Korruptionsbekämpfung implementieren

- Etablierung eines angemessenen „Tone from the Top", d. h. das klare öffentliche Bekenntnis der Geschäftsleitung zu einer umfassenden Compliance-Kultur und Null-Toleranz-Unternehmenspolitik in inländischen und ausländischen Sachverhalten,
- eine Analyse der im individuellen Unternehmenskontext bestehenden Compliance-Risiken und die Einrichtung eines Compliance-Management-Systems (CMS),
- die Verabschiedung einer Grundsatzerklärung,
- die Verabschiedung einer gesonderten Richtlinie zur Korruption, die auch Bezug nimmt auf schwarze Kassen,
- regelmäßige Schulungen von Mitarbeitern im In- und Ausland, und
- laufende Kontroll- und Überwachungsmaßnahmen im In- und Ausland.

Das Ausmaß der erforderlichen Maßnahmen richtet sich dabei u. a. nach den im Einzelfall festgestellten Risiken. Je höher die Gefährdungslage, desto intensiver die erforderlichen Compliance-Maßnahmen. Unternehmen, bei denen bereits

2.5 Korruptionsvermeidung

in der Vergangenheit Verstöße gegen gesetzliche Vorschriften, etwa Korruptionstatbestände, festgestellt wurden oder bei denen entsprechende Verdachtsfälle aufgetreten sind, unterliegen einer ständigen gesteigerten Prüf- und Optimierungspflicht.

Unternehmen, die in Emerging Markets und Entwicklungsländern tätig sind, müssen dort geltende spezifische Compliance-Risiken erkennen, verstehen und in Gestalt eines Compliance-Programms Gegenmaßnahmen entwickeln, um zu verhindern, dass aus einem identifizierten Compliance-Risiko ein Verstoß gegen Gesetze wird. Wichtiger Baustein ist auch hier der Erlass von Anti-Korruptionsrichtlinien, die regelmäßig auf praktische Wirksamkeit im In- und Ausland zu überprüfen sind. Ethischem Verhalten muss in jeglicher Unternehmenskommunikation Priorität eingeräumt werden, um gegenüber Mitarbeitern und Dritten, etwa Partnern und Zulieferern, deutlich zu machen, dass ethisches Verhalten zentraler Wert der Geschäftstätigkeit ist. Regelmäßige Schulungsprogramme sind durchzuführen für Mitarbeiter im In- und Ausland sowie für Zulieferer. Potenzielle Partner des Unternehmens sowie Zulieferer sind zudem einer gründlichen Due Diligence-Prüfung zu unterziehen, um deren redliche Arbeitsweise sicherzustellen. Die Implementierung eines Zulieferer-Kodex empfiehlt sich. Schließlich kann der Aufbau enger Beziehungen zu lokalen Behörden und Interessengruppen dazu beitragen, Bestechung zu verhindern, indem Transparenz und Verantwortlichkeit gefördert werden. Auch empfiehlt es sich, vor Ort ein Beraternetzwerk aufzubauen, um die lokalen Gegebenheiten und Risiken zu verstehen und unabhängige Audits durchführen lassen zu können.

> **Wichtig**
> Bereits zur Feststellung der Risiken im Rahmen der Risikoanalyse sollten sich Unternehmen regelmäßig u. a. über länderspezifische Korruptionsrisiken informieren.
>
> Erste Auskunft können verschiedene öffentlich einsehbare Korruptionsindizes geben, etwa der von der Weltbank (World Bank) veröffentlichte CPIA (transparency, accountability, and corruption in the public sector) oder der von Transparency International veröffentlichte Korruptionswahrnehmungsindex (Corruption Perceptions Index, CPI).
>
> Unternehmen dürfen sich aber nicht nur auf diese Indizes verlassen, sondern müssen ihre individuelle Geschäftstätigkeit auf Korruptionsrisiken überprüfen.

Interne Untersuchungen können für Unternehmen wichtige Erkenntnisse im Rahmen von Korruptionsfällen sowie für die entsprechende Präventionsarbeit liefern. Allerdings sind Unternehmen – gerade auch in Fällen mit Auslandsbezug – gut beraten, den rechtlichen Rahmen für solche Untersuchungen genau zu prüfen. Stichworte sind hier möglicherweise bestehende Kooperationspflichten mit ausländischen Behörden sowie eine ggfls. bestehende Pflicht zur Herausgabe von Untersuchungsergebnissen an ausländische Behörden. Interne Untersuchungen parallel zu staatlichen Untersuchungen können in ausländischen Rechtsordnungen auch gänzlich verboten sein. Andersherum kann ein vor Ort anwendbares Gesellschaftsrecht möglicherweise die Leitungsorgane einer ausländischen Konzerngesellschaft zu internen Untersuchungen verpflichten. Bereits diese wenigen Stichworte veranschaulichen, wie wichtig für Unternehmen eine sorgsame Prüfung im Einzelfall unter Einbeziehung lokaler Expertise ist.

2.6 Bilanzfälschung

Ein weiterer Anknüpfungspunkt für Compliance-Untersuchungen im Ausland können Fälle sein, in denen der Verdacht der Bilanzfälschung im Raum steht.

Hintergrundinformation
Bilanzfälschung ist nach deutschem Recht strafbar. Die Strafbarkeit der Bilanzfälschung ergibt sich aus dem Handelsgesetzbuch (§ 331 Nr. 1 HGB). Danach macht sich strafbar, wer als Mitglied des vertretungsberechtigten Organs oder des Aufsichtsrats einer Kapitalgesellschaft die Verhältnisse der Kapitalgesellschaft in der Eröffnungsbilanz, im Jahresabschluss, im Lagebericht einschließlich der nichtfinanziellen Erklärung, im gesonderten nichtfinanziellen Bericht im Zwischenabschluss nach § 340a Abs. 3 HGB unrichtig wiedergibt oder verschleiert.
Entsprechende Regelungen bestehen in der Regel in ausländischen Jurisdiktionen.

Bilanzfälschungen erfolgen mit dem Ziel, die finanzwirtschaftliche Situation eines Unternehmens entweder besser oder schlechter darzustellen als sie tatsächlich ist. Motiv kann auf Unternehmensseite u. a. sein, Finanzinstitute und Investoren über die finanzielle Lage des Unternehmens zu täuschen. Dazu werden Sachverhalte in der Bilanz abgebildet, die es entweder nicht gibt oder jedenfalls so nicht gibt.

Auch Fälle mit Auslandsbezug können anfällig für Bilanzfälschung sein, etwa wenn die interne Revision nicht gut funktioniert. Ursächlich für Defizite in der Funktionsfähigkeit der internen Revision können in Fällen mit Auslandsbezug Wissensmängel über ausländische Regulierungen und Standards sein. Solche Wissensmängel können in der Aufdeckung von Bilanzfälschungen mit Auslandsbezug zu erheblichen Verzögerungen führen. Umso wichtiger

2.6 Bilanzfälschung

ist es daher für deutsche Unternehmen mit eigenen Standorten im Ausland, ein robustes Compliance-Management-System (CMS) einzurichten, das auch die durch das Auslandsgeschäft speziell entstehenden Bilanz- und Buchhaltungsrisiken im Wege einer Accounting Compliance wirksam abdeckt. Ein solches Compliance-Management-System muss auch darauf abzielen, unternehmensintern umfassendes Wissen aufzubauen, damit Mitarbeiter der maßgeblichen Fachabteilungen (etwa Rechnungswesen, interne Revision, Compliance-Abteilung) den im Ausland geltenden rechtlichen Rahmen vollumfänglich verstehen und darauf basierend im Ausland vorherrschende Compliance-Risiken erkennen und gewichten können. Zu diesem Zweck kann eine Risk-Map erstellt werden, die im Einzelfall ggfls. auch extern überprüft werden sollte.

Beispiel

Der in der deutschen Wirtschaft wohl prominenteste Fall von Bilanzfälschung ist der Fall Wirecard. Er wird hier als Negativbeispiel dafür erläutert, wie u. a. Geschäftsaktivitäten im Ausland für strafbares Handeln missbraucht werden können. Zugleich ist der Fall mahnendes Beispiel für strukturelle Compliance-Defizite.

Nachdem sich im Jahr 2020 Hinweise auf finanzielle Unstimmigkeiten beim Zahlungsdienstleister Wirecard AG verdichteten und die Wirecard AG kurze Zeit später Insolvenz anmeldete, entfaltete sich einer der größten Unternehmensskandale der deutschen Wirtschaftsgeschichte, der nicht nur in einem Untersuchungsausschuss des Bundestages, sondern auch in Ermittlungs- und Gerichtsverfahren mündete. Wirecard meldete im Juni 2020 Insolvenz an, nachdem in der Buchhaltung des Unternehmens 1,9 Mrd. EUR an Barmitteln auf Treuhandkonten bei zwei philippinischen Banken „fehlten". Noch im September 2018 war die Wirecard AG in den DAX aufgenommen worden und hatte in den Jahren 2017 und 2018 Gewinne von insgesamt mehr als 600 Mio. EUR ausgewiesen. Im Rahmen der Abschlussprüfung waren in den Jahren 2014–2018 durch externe Wirtschaftsprüfer keine Auffälligkeiten festgestellt worden. Die Wirecard AG verfügte zwar über eine Compliance-Beauftragte, die organisatorisch bei der Rechtsabteilung der Wirecard AG aufgehängt war, allerdings scheint es an einem funktionierenden Compliance-Management-System (CMS) vollumfänglich gefehlt zu haben.

Dem ehemaligen Vorstandsvorsitzenden sowie zwei weiteren ehemaligen Führungspersonen wird von der Staatsanwaltschaft München I Untreue, gewerbsmäßiger Bandenbetrug, Marktmanipulation und Bilanzfälschung vorgeworfen.

Der Fall illustriert in aller Deutlichkeit, wie wichtig die Verankerung eines umfassenden internen Kontrollsystems zur wirksamen Verhinderung strafbaren Verhaltens im Unternehmenskontext ist. Ein Risikomanagementsystem inklusive eines Compliance-Management-Systems (CMS) entsprechend des sog. 3-Linien-Modells hätte Einsicht in bestehende Unternehmensprozesse, also Transparenz, ermöglicht. Durch die gewonnene Transparenz hätten unternehmensweit Risiken und Kontrolldefizite ermittelt werden können und es hätte ein System wirksamer interner Kontrollen für alle Prozesse und jeden Prozessschritt implementiert werden können. Eine unternehmensweite Compliance-Organisation, die zudem international arbeitet und damit sämtliche Geschäftstätigkeiten im Ausland erfasst hätte, hätte als zweite Säule Genehmigungsprozesse organisieren können und Mitarbeiter im In- und Ausland auch umfassend im Hinblick auf Auslandstätigkeiten schulen können. Als dritte Säule hätte die interne Revision – unabhängig von der Geschäftsleitung – objektiv und fortlaufend prüfen müssen und über die Prüfergebnisse Bericht an die Geschäftsleitung erstatten müssen. ◄

Ihr Transfer in die Praxis

- Unternehmen sollten sich umfassend und zeitnah über die neuen ESG-Regelwerke auf deutscher und europäischer Ebene informieren, um zu verstehen, welche der dargestellten ESG-Regelwerke und ESG-Fragestellungen für sie relevant sind
- Auf Grundlage dieser Voruntersuchungen sollten Unternehmen, die in den Anwendungsbereich eines oder mehrerer bereits verabschiedeter ESG-Regelwerke fallen, zeitnah mit der Umsetzung der jeweiligen gesetzlich normierten Sorgfaltsmaßnahmen beginnen
- Dazu sollten Unternehmen sich auch auf die Gewinnung all jener Informationen fokussieren, die für eine ordnungsgemäße Umsetzung der Sorgfaltsmaßnahmen oder eine künftige Berichterstattung erforderlich sind. Eine solche Bestandsaufnahme muss oftmals gerade auch Informationen über relevante, insbesondere menschenrechtliche und umweltbezogene Zustände im Ausland einschließen.
- Unternehmen sollten sich bewusst sein, dass es sich im ESG-Kontext gemeinhin um fortlaufende Rechtspflichten handelt, also einmaliges Tätigwerden im Regelfall nicht ausreichen dürfte. Umso wichtiger ist es für Unternehmen, robuste Compliance-Maßnahmen in der eigenen Organisation zu implementieren und umzusetzen sowie, soweit erforderlich, dies auch gegenüber Dritten, etwa Zulieferern, zu tun. ◄

Der Kreis der Betroffenen 3

> **Was Sie aus diesem Kapitel mitnehmen**
>
> - Ein Verständnis für den Kreis potenzieller Betroffener

Der vorherige Abschnitt hat verdeutlicht, dass die neuen Gesetze bzw. Gesetzesvorhaben Unternehmen dazu verpflichten, Sorgfaltspflichten und Berichtspflichten nicht nur in Bezug auf ihren eigenen Tätigkeitsbereich zu erfüllen, sondern unter gewissen Voraussetzungen auch das geschäftliche Tätigwerden anderer Unternehmen und Geschäftspartner einzubeziehen. Häufig befinden sich diese Unternehmen und Geschäftspartner im Ausland, u. a. in Emerging Markets und Entwicklungsländern.

Von den neuen Regelwerken sind zudem auch Dritte, insbesondere externe Berater, betroffen, dies indes zumeist im eher untechnischen Sinne, da sie überwiegend nicht selbst aus den neuen Gesetzen und Gesetzesvorhaben verpflichtet werden.

3.1 Unternehmen

Die im vorherigen Teil dargestellten Gesetze und Gesetzesvorhaben enthalten Rechtspflichten für Unternehmen. Je nach Regelwerk differiert der Anwendungsbereich und variieren die zur Eröffnung des Anwendungsbereichs maßgeblichen Kriterien.

Während etwa das Lieferkettensorgfaltspflichtengesetz (LkSG) an Standort und (gestuft) an Betriebsgröße anknüpft, knüpft die Konfliktmineraleverordnung im Hinblick auf den Anwendungsbereich an sachliche Kriterien (insbesondere gewisse Minerale und Metalle) an. Wieder andere Kriterien gelten für die EU-Entwaldungsverordnung und die Richtlinie über die Nachhaltigkeitsberichterstattung (CSRD).

Unternehmen müssen vor dem Hintergrund divergierender Kriterien für die Eröffnung des Anwendungsbereichs der ESG-Regelwerke unbedingt sicherstellen, dass sie in einem ersten Schritt genauestens prüfen, welche Gesetze auf sie Anwendung finden.

3.2 Tochtergesellschaften

Dies gilt auch in Bezug auf Tochtergesellschaften. Die dargestellten Gesetze und Gesetzesvorhaben enthalten unterschiedliche Regelungen für Tochtergesellschaften.

Das LkSG nimmt auf Tochtergesellschaften zunächst Bezug im Rahmen der Bestimmung des Anwendungsbereichs des Gesetzes (§ 1 Abs. 3) und regelt insofern, dass innerhalb von verbundenen Unternehmen (§ 15 AktG) die im Inland beschäftigten Arbeitnehmer sämtlicher konzernangehöriger Gesellschaften bei der Berechnung der Arbeitnehmerzahl (§ 1 Abs. 1 S. 1 Nr. 2) der Obergesellschaft zu berücksichtigen sind.

Darüber hinaus spielen Tochtergesellschaften im Rahmen des LkSG bei der Bestimmung des Begriffs „eigener Geschäftsbereich" eines Unternehmens eine Rolle (§ 2 Abs. 6). Grundsätzlich gilt, dass der eigene Geschäftsbereich auf Tätigkeiten des Unternehmens zur Erreichung des Unternehmensziels, die an einem Standort im In- oder Ausland vorgenommen werden, beschränkt ist. Erfasst davon sind also alle in- und ausländischen Standorte, Repräsentanzen und Niederlassungen eines Unternehmens.

Indes wird in Bezug auf verbundene Unternehmen weitergehend normiert, dass zum eigenen Geschäftsbereich der Obergesellschaft in verbundenen Unternehmen neben der Obergesellschaft auch die mit ihr verbundenen Unternehmen im Ausland gehören, wenn die Obergesellschaft auf die konzernangehörige Gesellschaft einen bestimmenden Einfluss ausübt (§ 2 Abs. 6 S. 3). Zur Ermittlung der Frage, wer in einem Konzern welche LkSG-Pflichten erfüllen muss, ist also zunächst im jeweiligen Einzelfall zu prüfen, ob ein bestimmender Einfluss entsprechend der gesetzlichen Vorgaben ausgeübt wird oder nicht. Übt eine Obergesellschaft bestimmenden Einfluss auf eine ausländische Tochtergesellschaft aus, hat die

Obergesellschaft im Grundsatz die LkSG-Pflichten zu erfüllen, wobei zur genauen Bestimmung des für die Ober- und Tochtergesellschaft jeweils geltenden Sorgfaltspflichtenkatalogs verschiedene Varianten zu unterscheiden sind, je nachdem ob Ober- und Tochtergesellschaft beide dem LksG unterfallen oder nicht und beherrschender Einfluss durch die Obergesellschaft ausgeübt wird oder nicht. In einem nachfolgenden Schritt wäre im Unternehmensverbund dann noch zu prüfen, gegenüber welchen Unternehmen die LkSG-Sorgfaltspflichten einzuhalten sind.

▶ Die vorstehenden Ausführungen verdeutlichen, dass sich im Kontext des LkSG für Konzerne durchaus komplexe Fragestellungen ergeben können. Hier bedarf es zur Absteckung des Pflichtenkatalogs einer sorgsamen Prüfung im Einzelfall.

Auch der Vorschlag einer EU-Lieferkettenrichtlinie enthält Vorschriften in Bezug auf Tochtergesellschaften. Der Richtlinienvorschlag sieht bspw. vor, dass sich die Sorgfaltspflichten eines Unternehmens u. a. auf die eigenen Tätigkeiten des Unternehmens und die Tätigkeiten seiner Tochtergesellschaften erstrecken sollen.

Auf Tochtergesellschaften wird zudem etwa im Kontext der CSRD Bezug genommen. So ist die CSRD anwendbar auf Drittstaatenunternehmen, die eine Tochtergesellschaft in der EU haben und dort in den beiden letzten aufeinander folgenden Geschäftsjahren einen Umsatz von mehr als 150 Mio. EUR getätigt haben.

▶ Unternehmen mit Tochtergesellschaften sind im ESG-Kontext gut beraten, für jedes ESG-Regelwerk die Anwendbarkeit auf Tochtergesellschaften genauestens zu prüfen. Bei Anwendbarkeit muss in einem zweiten Schritt sorgsam ermittelt werden, welche Pflichten die Tochtergesellschaft treffen und ob auch Pflichten für die Obergesellschaft bestehen.

3.3 Zweigniederlassungen

Auch Zweigniederlassungen finden zum Teil in den ESG-Regelwerken ausdrückliche Erwähnung. So knüpft die CSRD die Anwendbarkeit der Nachhaltigkeitsberichtspflichten für Drittstaatenunternehmen nebst anderen Kriterien an eine Zweigniederlassung in der EU. Auch das LkSG normiert ausdrücklich, dass unter bestimmten Umständen das LkSG für ausländische Unternehmen mit einer Zweigniederlassung in Deutschland Anwendung findet.

3.4 Unmittelbare und mittelbare Zulieferer

Das LkSG enthält rechtliche Verpflichtungen in Bezug auf die „Lieferkette". Der Begriff der „Lieferkette" umfasst den eigenen Geschäftsbereich eines nach dem LkSG betroffenen Unternehmens sowie die unmittelbaren und mittelbaren Zulieferer eines solchen Unternehmens. Für diese entstehen keine direkten Rechtspflichten aus dem Gesetz selbst, allerdings sind sie mittelbar über das für das betroffene Unternehmen geltende Pflichtenregime aus dem LkSG betroffen und haben mindestens (vertragliche) Unterstützung zu leisten, gleich ob sie im Inland oder im Ausland angesiedelt sind. Damit die vom Anwendungsbereich erfassten Unternehmen ihre Sorgfaltspflichten erfüllen können, werden sie sich insbesondere im Verhältnis zu unmittelbaren Zulieferern, mit denen sie über eigene Verträge verbunden sind, im Wege vertraglicher Klauseln Informationsansprüche zusagen lassen. Auch sog. Weitergabeklauseln werden verlangt, sodass die Umsetzung der Sorgfaltspflichten über die gesamte Lieferkette gewährleistet wird. In Bezug auf mittelbare Zulieferer sind Unternehmen insbesondere bei substantiierter Kenntnis zur Einhaltung von Sorgfaltspflichten verpflichtet. Unternehmen werden in diesen Fallkonstellationen auch auf die Mitwirkung des mittelbaren Zulieferers angewiesen sein.

Zulieferer werden auch nach dem Vorschlag für eine EU-Lieferkettenrichtlinie einbezogen, deren Anwendungsbereich durch die Anknüpfung an den Begriff „Geschäftsbeziehung" sogar derzeit noch deutlich weiter geht als der des LkSG.

3.5 Sonstige Betroffene

Von den dargestellten Regelwerken und Gesetzesvorhaben aus dem Bereich Nachhaltigkeit sind darüber hinaus auch eine Vielzahl anderer Organisationen und Berufsgruppen betroffen, wobei „Betroffenheit" hier zumeist untechnisch zu verstehen ist.

Das LkSG normiert für inländische Gewerkschaften und Nichtregierungsorganisationen unter gewissen Voraussetzungen eine Befugnis zur besonderen Prozessstandschaft. Ähnliches sieht der Vorschlag für eine EU-Lieferkettenrichtlinie vor.

3.5 Sonstige Betroffene

Nachhaltigkeitsinformationen sind nach der CSRD „zur Erlangung begrenzter Prüfungssicherheit" bzw. später „zur Erlangung hinreichender Prüfungssicherheit" extern durch einen Abschlussprüfer oder eine Prüfungsgesellschaft zu prüfen.

Auch die EU-Konfliktmineraleverordnung verpflichtet Unionseinführer im Grundsatz dazu, die Erfüllung der Sorgfaltspflichten durch Dritte überprüfen zu lassen (sog. Third Party Audits).

Über diese beispielhaften Anknüpfungspunkte hinaus ist bereits heute absehbar, dass das vergleichsweise junge Beratungsfeld ESG infolge der Verabschiedung einer Vielzahl neuer ESG-Regelwerke auf nationaler und insbesondere europäischer Ebene stetig weiter an Bedeutung gewinnen wird. Beratend treten neben themenspezifischen öffentlichen Beratungsstellen, wie dem Helpdesk Wirtschaft und Menschenrechte der Bundesregierung, bspw. auch Industrie- und Handelskammern (IHKs), deutsche Außenhandelskammern (AHKs) und Germany Trade and Invest (GTAI) sowie diverse Unternehmen aus der Privatwirtschaft auf, bspw. Zertifizierungsanbieter, Nachhaltigkeitsberater, Kanzleien und Unternehmensberatungen. Dabei kommt es in Emerging Markets in besonderem Maße auf lokale Präsenz an, die je nach Gebiet nur wenige Berater anbieten. Dies gilt insbesondere für Audits, die von (halb)staatlichen Stellen nicht geleistet werden können.

Ihr Transfer in die Praxis

- Unternehmen müssen genau prüfen, ob und inwiefern Tochtergesellschaften und Zweigniederlassungen im Ausland von den neuen ESG-Pflichten erfasst werden oder betroffen sind.
- Unternehmen werden u. a. über die Begriffe der Lieferkette und Wertschöpfungskette auch die Tätigkeiten Dritter im Ausland, insbesondere von Zulieferern, in den Blick nehmen müssen.
- Unternehmen sind zwar für die Umsetzung der neuen ESG-Pflichten verantwortlich, soweit diese auf sie anwendbar sind, indes müssen sie im Rahmen der Umsetzung der Pflichten mitunter zwingend Dritte einbeziehen. Daneben existieren für Unternehmen diverse unverbindliche und zum Teil kostenlose Beratungsangebote.◄

Die Organisation von On-Site Audits in Emerging Markets 4

> **Was Sie aus diesem Kapitel mitnehmen**
>
> - Ein Verständnis für potenzielle Schwierigkeiten und Herausforderungen im Rahmen interner Untersuchungen in Schwellen- und Entwicklungsländern
> - Ein Verständnis für potenzielle Stolpersteine in der Organisation einer internen Untersuchung im Ausland
> - Ein Verständnis für besondere Anforderungen an das Projektmanagement im Ausland
> - Ein Verständnis für wichtige Maßnahmen im Kontext des Abschlusses einer internen Untersuchung im Ausland

4.1 Auslöser von internen Ermittlungen bei Auslandsgesellschaften, -niederlassungen und Geschäftspartnern

Die Notwendigkeit für ein internes On-Site Audit im Ausland kann auf verschiedenen Gründen beruhen, die auch kumulativ vorliegen können. Gemein ist den nachfolgend genannten Szenarien allerdings die Erkenntnis, dass allein vom heimischen Schreibtisch oder Computer aus keine hinreichenden Informationen zu erlangen sind. Zwar beginnt die Informationsbeschaffung häufig mit der Nutzung interner Quellen (siehe hierzu unter Abschn. 4.2.1), jedoch reicht dies regelmäßig nicht aus, um sich ein abschließendes Bild zu verschaffen.

Gleiches gilt für die Beauftragung von Dienstleistern, die sich auf die Erschließung öffentlich zugänglicher Informationsquellen, oft unter IT-gestützter Nutzung künstlicher Intelligenz, spezialisiert haben.
Auch die Zertifizierung oder der Beitritt zu sog. Branchenabkommen reicht im Regelfall nicht aus, um eigene Sorgfaltspflichten zu erfüllen und notwenige Sachverhaltsinformationen zu erlangen.

▶ Im Regelfall ist es bei Auslandssachverhalten erforderlich, sich selbst ein Bild von der Situation vor Ort zu machen. Dies gilt insbesondere dann, wenn es Anzeichen für Probleme gibt oder eine generell erhöhte Risikolage besteht.

In diesen Fällen besteht die Herausforderung darin, die notwendigen Ermittlungen vor Ort möglichst effizient und ressourcensparend zu organisieren.

4.1.1 Allgemeine Berichtspflichten

Wie eingangs bereits dargelegt (siehe bereits hierzu unter Kap. 2) enthalten mittlerweile viele Gesetze Berichtspflichten, die sich auf die Einhaltung definierter ESG-Kriterien beziehen. Beispielhaft sind insoweit das Lieferkettensorgfaltspflichtengesetz (LkSG), die EU-Entwaldungsverordnung und die Richtlinie über die Nachhaltigkeitsberichterstattung (CSRD) zu nennen. Dabei sind die gesetzlichen Formulierungen oft allgemein gehalten. So enthält § 10 Abs. 2 LkSG lediglich allgemeine Vorgaben für die Berichterstattung. Allerdings existiert mittlerweile die Möglichkeit, die wesentlichen Angaben in ein Online-Formular einzutragen, welches dem zuständigen Bundesamt für Wirtschaft und Ausfuhrkontrolle (BAFA) zum Nachweis der Erfüllung der Berichtspflichten übermittelt werden kann. Der dem Online-Formular zugrunde liegende Fragenkatalog ist zu Beginn des Jahres 2023 veröffentlicht worden. Hieraus ergibt sich für die in dieser Publikation behandelte Thematik, dass die Anforderungen hinsichtlich des eigenen Geschäftsbetriebs im Ausland (dies betrifft die meisten Auslandsniederlassungen) und der unmittelbaren Zulieferer erheblich sind. Sie können keinesfalls ohne einen organisierten Prozess der Informationsbeschaffung im Ausland erfüllt werden.

Im LkSG-Fragenkatalog des BAFA wird – getrennt für den eigenen Geschäftsbereich, unmittelbare und mittelbare Zulieferer – für jedes Land, abgefragt, welche Risiken festgestellt wurden. Gibt ein Unternehmen an, keine Risiken festgestellt zu haben, ist in einem Freitext anzugeben, warum man davon ausgeht, dass keine Risiken bestehen. Bejaht das Unternehmen ein Risiko, ist ebenfalls im Freitext anzugeben, welche Erkenntnisse in der Risikoanalyse gewonnen wurden und welche Präventionsmaßnahmen wo und wie durchgeführt wurden. Vor diesem Hintergrund ist es bei Unternehmen mit Zweigniederlassungen und/oder Zulieferern in Emerging Markets und Entwicklungsländern kaum möglich, diese Angaben in zutreffender Weise zu machen, ohne Erkundigungen oder gar einen Audit vor Ort durchgeführt zu haben. Falschangaben (und sei es aus Nachlässigkeit oder Fahrlässigkeit) bergen das Risiko in sich, nicht nur vom BAFA belangt zu werden, sondern auch wegen falscher Angaben in den veröffentlichten Berichten von Wettbewerbern belangt oder an den öffentlichen Pranger gestellt zu werden.

Dabei definiert das LkSG nicht, wann es sich um ein Risikogebiet handelt. Anknüpfungspunkt ist stets ein branchenbezogenes oder allgemein bekanntes Länderrisiko. Dies erleichtert die Aufgabe für betroffene Unternehmen allerdings nicht, vielmehr ist umfassend unter Ausnutzung aller Erkenntnisquellen, insbesondere auch Publikationen aller Art, zu ermitteln, ob ein spezifisches Risiko bestehen kann. In einigen Fällen ist dies leicht, wenn etwa allgemein oder durch Berichte internationaler Organisationen bekannt ist, dass in einer bestimmten Region Kinder- oder Zwangsarbeit praktiziert wird. In anderen Fällen ist dies nicht so leicht festzustellen, so wurde erst kürzlich darauf hingewiesen, dass selbst in Teilen der USA Mindestlohnvorschriften missachtet werden und gewerkschaftliche Betätigung behindert wird.

Wichtig ist, dass allein die Vereinbarung von geeigneten Vertragsklauseln und die Einholung von Selbstauskünften jedenfalls in Hochrisikogebieten auch nach Auffassung des BAFA nicht ausreichen, den geforderten detaillierten Bericht zu verfassen und zu veröffentlichen.

Im Bereich der EU-Entwaldungsverordnung soll durch die EU bis zum Geltungseintritt Ende 2024 eine Kategorisierung von Ländern und Gebieten erfolgen, was den zu prüfenden Bereich etwas eingrenzt und daher für Unternehmen in der Praxis eine Arbeitserleichterung sein dürfte.

4.1.2 Risikoanalysen

Viele ESG-Vorgaben sehen noch vor der Schaffung eines Risikomanagements und der Veröffentlichung von Berichten die Verpflichtung vor, mindestens einmal jährlich sowie anlassbezogen eine Risikoanalyse durchzuführen. Ein Anlass in diesem Sinne liegt bereits dann vor, wenn eine neue Geschäftsbeziehung zu einem Zulieferer aufgenommen wird, eine neue Tochtergesellschaft gegründet wird oder auch nur das Produktportfolio geändert wird. All diese Ereignisse müssen die Überlegung auslösen, ob mit derartigen Geschäftsvorgängen neue Risiken verbunden sind. In diesem Kontext sind auch Erkundigungen im Ausland einzuholen.

Die Risikoanalyse bedeutet, dass ausgehend von allgemein zugänglichen Informationen über Länder und Branchen zunächst eine Vorabbewertung (Priorisierung von Risiken) nach der Wahrscheinlichkeit eines Risikoeintritts vorgenommen werden muss.

Hat das Unternehmen einen eigenen Geschäftsbetrieb oder Zulieferer in einem Risikogebiet, löst allein dieser Umstand besondere Sorgfaltspflichten aus. Dies bedeutet zunächst, dass es nicht bei der allgemeinen Risikoanalyse verbleiben darf. Vielmehr sind konkrete Nachforschungen anzustellen. Insbesondere bei Zulieferern (gleich ob unmittelbar oder mittelbar) wird dies ohne Maßnahmen vor Ort kaum möglich sein.

Da Inhalt der Verpflichtungen von betroffenen Unternehmen auch die Schaffung eines effektiven Beschwerdesystems ist (oder alternativ die Beteiligung an einem vorhandenen Beschwerdemechanismus, der die gesetzlichen Vorgaben erfüllt), sollte das Beschwerdesystem stets auch im Hinblick auf die internationalen Betätigungen des Betroffenen erfolgen. Ohne Kenntnis der Lieferkette und der betroffenen Gebiete lässt sich nicht beurteilen, wie das Beschwerdesystem für potenziell von Menschenrechtsverletzungen Betroffene im Ausland ausgestaltet werden muss. Dabei sind sowohl die tatsächlichen Verhältnisse vor Ort als auch die lokalen rechtlichen Rahmenbedingungen zu beachten.

4.1.3 Transaktionen

Im Falle des Erwerbs eines in einem Risikogebiet gelegenen Unternehmens, Betriebs oder auch einer Immobilie gelten erhöhte Sorgfaltspflichten. Dies gilt auch, wenn das Zielobjekt eine Auslandsniederlassung oder Beteiligung unterhält, die dem eigenen Geschäftsbetrieb zuzuordnen sind. Dabei ist künftig, anders als früher, auch die vollständige Lieferkette einer Prüfung zu unterziehen.

Viel zu oft ist in der Praxis eine dahingehende Tendenz zu beobachten, dass aus Zeit- und Kostengründen nur eine „Red Flag" oder „High Level" Due Diligence-Prüfung durchgeführt wird. Dabei werden z. B. kleinere Beteiligungen, Tochtergesellschaften oder Geschäftsbeziehungen in Emerging Markets und Entwicklungsländern bewusst ignoriert, da das Risiko im Hinblick auf das Gesamtvolumen der Transaktion überschaubar erscheint. Es versteht sich von selbst, dass diese Herangehensweise hohe Risiken birgt, da ohne Prüfung nicht eingeschätzt werden kann, ob es sich potenziell um ein „High Risk" jenseits der selbst definierten Schwelle handelt. Eine derartige Herangehensweise wird im Regelfall eine grob fahrlässige Verletzung von Sorgfaltspflichten darstellen. In Hochrisikogebieten sogar eine bedingt vorsätzliche Sorgfaltspflichtverletzung.

4.1.4 Hinweise auf Verstöße

Liegen konkrete Hinweise auf Verstöße gegen ESG-Kriterien vor, besteht eine unmittelbare Verpflichtung, den Hinweisen nachzugehen. Sollten sich diese als stichhaltig erweisen, muss – soweit möglich und zumutbar – für Abhilfe gesorgt und mittels geeigneter Präventionsmaßnahmen eine Wiederholung verhindert werden. Die höchsten Sorgfaltsmaßstäbe gelten dabei im eigenen Geschäftsbereich (auch im Ausland).

Das LkSG differenziert insoweit zwischen dem eigenen Geschäftsbereich, der im Regelfall auch die eigene Niederlassung in einem Emerging Market erfasst, sowie den unmittelbaren und mittelbaren Zulieferern. Im eigenen Geschäftsbereich besteht im Inland eine unbedingte Pflicht zur Abhilfe, im Ausland gilt dies jedenfalls „in der Regel".

Aufgrund der selbst getroffenen Auswahl unmittelbarer Zulieferer und der Verpflichtung mittels vertraglicher Zusicherungen Einfluss bis hin zur Durchführung eigener On-Site Audits zu nehmen, sind die Anforderungen für andere Glieder einer Lieferkette kaum geringer.

Lediglich bei mittelbaren Zulieferern gelten abgeschwächte Verpflichtungen. Das LkSG geht allerdings auch hier davon aus, dass das verpflichtete Unternehmen in Deutschland in seinem Vertragsmanagement darauf geachtet hat, dass die mit den eigenen Zulieferern vereinbarten Klauseln in der Lieferkette weitergegeben wurden, sodass auch hier – über Umwege – Einfluss genommen werden kann, indem auf konkrete Hinweise hin Ermittlungen angestellt und Audits durchgeführt werden können.

Im Kontext der EU-Entwaldungsverordnung ist in derartigen Fällen sogar der Gegenbeweis zu führen, anderenfalls, wie bereits dargestellt, droht unter Umständen ein Einfuhrverbot in die EU.

4.1.5 Anforderungen von Dienstleistern und Stakeholdern

Ganz unabhängig von rechtlichen Verpflichtungen sehen sich Unternehmen heute vielfach mit dem Erfordernis konfrontiert, Nachhaltigkeit, Compliance und „Good Governance" auch weit jenseits gesetzlicher Verpflichtungen nachzuweisen.

So enthalten die Richtlinien und Grundsatzerklärungen vieler Dienstleister, etwa Banken, Versicherungen und Logistikunternehmen, die explizite Forderung an sämtliche Geschäftspartner – unabhängig von deren Größe, Belegenheit oder Organisationsform – die selbst gesetzten ESG-Standards einzuhalten und vor allem auch nachzuweisen. Kann kein derartiger Nachweis erbracht werden, droht unter Umständen sogar ein Abbruch der Geschäftsbeziehung. Diese Thematik ist unabhängig davon zu sehen, ob die Versicherung oder Bank selbst den gesetzlichen Vorgaben unterliegt. Dies ist nach einer neuen BAFA Handreichung im Bereich des LkSG nur dann der Fall, wenn es um ein konkretes Geschäft der Lieferkette des Kunden geht, also etwa die Finanzierung oder Versicherung eines bestimmten Geschäfts, das der Lieferkette des Kunden zuzurechnen ist.

Hintergrund ist zum Teil ein selbst gesetzter Anspruch, oftmals aber auch die Anforderung des Kapitalmarktes oder der eigenen Investoren, nur mit Unternehmen Geschäfte zu betreiben, die ihrerseits höchste ESG-Ansprüche erfüllen.

Stakeholder sind nach der Konzeption vieler Gesetze auch die eigenen Beschäftigten, die über ihre Vertretungen Mitwirkungs- und Kontrollrechte haben. Hier ist zunächst das neue Informationsrecht des Wirtschaftsausschusses nach § 106 Abs. 3 BetrVG zu nennen. Auch wenn die betriebliche Mitbestimmung primär nur für deutsche Betriebe gilt, können Mitbestimmungsrechte etwa bei der Organisation des Risikomanagements und der Schaffung des Beschwerdesystems bestehen. Auswirkungen für On-Site Audits in Emerging Markets sind dann denkbar, wenn es um die Beteiligung inländischer Arbeitnehmer geht, gleich ob diese an Menschenrechtsverletzungen beteiligt sein können oder bei der Aufklärung mitwirken.

Je stärker der Einfluss einer Gewerkschaft im Betrieb ist, desto eher sind auch Initiativen zum weltweiten Schutz der Menschenrechte zu erwarten. Schließlich nehmen viele internationale Regelungen zum Schutz der Menschenrechte in Arbeitsbeziehungen explizit Abkommen der Internationalen Arbeitsorganisation (IAO) in Bezug, die ganz wesentlich von Gewerkschaftsvereinigungen mitgestaltet wurden.

Schließlich wächst auch der Druck der Öffentlichkeit nachweisbar „sauber" zu arbeiten. Kein Unternehmen möchte in der Öffentlichkeit z. B. mit Kinder-

oder Zwangsarbeit in Verbindung gebracht werden. Um alle diesbezüglichen Risiken auszuschließen, wird heute mitunter kein Aufwand gescheut, im Zweifelsfall nachweisen zu können, dass im Vorfeld alles Menschenmögliche unternommen wurde, um im Rahmen des eigenen Risikomanagements Probleme rechtzeitig erkennen und bekämpfen zu können.

4.2 Erster Schritt: Sachverhaltsermittlung

Besteht Anlass dafür, interne Ermittlungen in einem Emerging Market aufzunehmen, gleich ob aufgrund allgemeiner Risikoannahmen oder aufgrund eines konkreten Hinweises, ist zunächst eine Erforschung des Sachverhalts vorzunehmen.

Dabei sind alle Erkenntnisquellen auszunutzen. Einige Informationen werden bereits vorhanden sein, andere müssen beschafft werden. Dabei ist zu unterscheiden, ob es um das eigene Unternehmen, ggfls. auch eine Beteiligung oder Tochtergesellschaft im Ausland, geht oder um einen direkten oder einen mittelbaren Zulieferer, Geschäftspartner oder eine Immobilie.

Länderspezifische Besonderheiten sind zu berücksichtigen und entscheiden, welche Unterstützung intern wie extern benötigt wird.

Eine Due Diligence im Ausland kann aufgrund der diversen erforderlichen Kenntnisse nicht von einer Person allein durchgeführt werden. Vielmehr ist regelmäßig ein Team erforderlich.

▶ Daher ist es eine der ersten Aufgaben eine Matrix mit den benötigten Informationen und den Personen zu erstellen, die diese Informationen haben oder beschaffen können. Die Rollenverteilung und Koordination dieses Teams ist für den Erfolg des Audits entscheidend.

4.2.1 Eigene Informationsbeschaffung

Insbesondere innerhalb der eigenen Organisation werden einige der benötigten Informationen vorhanden oder jedenfalls relativ leicht beschaffbar sein. Dabei kann es sich um Dokumente und Datensätze handeln, aber auch um persönliches Wissen eigener Mitarbeiter.

4.2.1.1 Dokumente

Zunächst sollten vorhandene Dokumente zusammengetragen werden. Insbesondere schriftliche Unterlagen bergen jedoch die inhärente Gefahr in sich, auf deren Inhalt, Aktualität und Vollständigkeit zu sehr zu vertrauen. Die Aufgabe, aktuelle, aussagekräftige und lückenlose Informationen zusammenzutragen, ist alles andere als leicht und kann insbesondere nicht von unerfahrenen Mitarbeitern der eigenen Organisation erfüllt werden.

Da es bei Compliance-Ermittlungen und -Audits zudem auch um Straftaten, wie etwa Korruption, Unterschlagung, Veruntreuung und sexuelle Belästigung, oder auch Kinderarbeit gehen kann, wird nur in seltenen Fällen hierzu eine Dokumentation vorliegen. Es muss im Gegenteil davon ausgegangen werden, dass Täter alles tun, um ihre Taten zu verschleiern.

Bei Finanzdelikten kann es einem Ermittler mit einiger Erfahrung zwar gelingen, Lücken oder Unstimmigkeiten zu erkennen, jedoch ist dies keine sichere Erkenntnisquelle. Zu warnen ist vor der von einigen Dienstleistungsanbietern geschürten Erwartung mittels Ausnutzung von Software und/oder künstlicher Intelligenz sei eine hinreichende Transparenz herzustellen. Da jedes technische Hilfsmittel nur so gut ist wie die ihm zur Verfügung gestellten Inhalte und zudem ein fachkundiger Anwender vorhanden sein muss, bleibt es dabei, dass ein Unternehmensangehöriger verantwortlich sein sollte.

4.2.1.2 Know-how von Mitarbeitern

Nicht alle relevanten Informationen sind in Schriftform oder in Gestalt abrufbarer Datensätze vorhanden. Oft bedarf es auch der Einbeziehung von Inhouse-Experten, um Informationen zu erlangen, einzuordnen oder zu vervollständigen. Um hier keine Maßnahmen zu versäumen oder Doppelbefragungen zu vermeiden, ist es sinnvoll, eine Liste der zu befragenden Experten anzufertigen und deren Aussagen festzuhalten.

Hinsichtlich der Befragung von Mitarbeitern ist es essentiell, Aussagen zu protokollieren und im Idealfall schriftlich bestätigen zu lassen. So lassen sich Informationen zum einen belastbar dokumentieren und nach Abschluss der Interviews vergleichen. Insoweit können Unstimmigkeiten leichter geklärt werden. Dies gilt vor allem für interne Ermittlungen, aber auch bei der schlichten Informationssammlung.

Nicht zu unterschätzen ist insoweit auch der Zeitfaktor. Nicht selten erhalten Unternehmen Hinweise erst nach geraumer Zeit oder es ergeben sich innerhalb eines längeren Zeitraums – immer wieder – neue Anhaltspunkte. In diesen Fällen ist es hilfreich, auf Protokolle zurückgreifen zu können, um gängigen Problemen, wie einer nachlassenden Erinnerung von Zeugen oder auch einer nachträglichen, nicht immer böswilligen falschen oder unvollständigen Erinnerung, vorzubeugen. Probleme entstehen regelmäßig auch, wenn Zeugen, etwa frühere Mitarbeiter, nicht mehr im Unternehmen beschäftigt sind oder bereits verstorben sind.

Gerade in Emerging Markets und Entwicklungsländern muss auch immer damit gerechnet werden, dass der Aufenthaltsort von Zeugen nicht leicht zu ermitteln ist. In vielen Ländern existiert weder ein Meldewesen noch eine andere Art der Registrierung. So sollte im Rahmen einer Compliance-Organisation zumindest im eigenen Geschäftsbereich daran gedacht werden, soweit möglich und zulässig, Kontakt auch zu ehemaligen Mitarbeitern zu halten.

4.2.1.3 Selbstauskünfte

Im Rahmen der eigenen Informationsbeschaffung ist aktuell auch vor dem Hintergrund technischer Entwicklungen viel von der Einholung von Selbstauskünften die Rede. So werden vielfach Zulieferer, aber auch die Leitung von Auslandsniederlassungen gebeten, Auskünfte über zu prüfende Sachverhalte, wie z. B. Registereintragungen, Verhaltensweisen/Richtlinien, Gesellschafterverhältnisse, zu erteilen. Gegen eine solche Vorgehensweise ist grundsätzlich nichts einzuwenden.

Allerdings ist ein gesundes Maß an Vorsicht geboten. Wie bereits erwähnt, werden Beteiligte nicht nur im Falle von Straftaten selten objektive Auskünfte erteilen. Selbst scheinbar offizielle Dokumente sind mit einer gesunden Skepsis zu betrachten. Denn in vielen Emerging Markets und Entwicklungsländern ist es kein Problem, im Bedarfsfall „echte" Dokumente, deren Inhalt jedoch gefälscht wurde, zu erhalten. Dies gilt für alle Arten von Dokumenten, z. B. Geburtsnachweise, Ausweisunterlagen, Registerauszüge, Steuernachweise, Bilanzen und Prüfberichte. Vorsicht sollte also nicht nur gegenüber Außenstehenden, wie Lieferanten, sondern auch im Umgang mit Auslandsgesellschaften und deren Management angewandt werden.

Verallgemeinerungen sind dabei natürlich nicht hilfreich, allerdings ist zu berücksichtigen, dass Compliance, insbesondere im Hinblick auf Geschäftspartner in Emerging Markets zeitintensiv ist und finanzielle Ressourcen erfordert, die oft nicht in Form eines gesonderten Budgets zur Verfügung stehen. Ganz im Gegenteil wird die Auslandsgesellschaft an ihren kommerziellen Ergebnissen, oft Verkaufserfolgen, gemessen und auch die Vergütung der dort Beschäftigten ist vielfach mindestens in Teilen erfolgsorientiert. Daher ist mitunter die Versuchung nicht gering, auf eine entsprechende Anfrage der Compliance-Abteilung in Deutschland hin zu berichten, dass das Geschäft reibungslos verlaufe. Selbst wenn die handelnden Personen selbst keine Verfehlungen begangen haben, ist die Neigung, auf Probleme oder offene Fragen hinzuweisen, verständlicherweise nicht immer besonders ausgeprägt. Erst recht wird man nicht erwarten dürfen, auf große Probleme hingewiesen zu werden, die die Beschäftigten vor Ort nicht im Griff haben.

Hinzu kommt die Tatsache, dass es in vielen Emerging Markets und Entwicklungsländern nach wie vor gängiger Praxis entspricht, z. B. Geschäftsabschlüsse durch Zahlungen oder andere Benefits zu fördern (auch bekannt als Korruption). Beteiligt sich die Auslandsgesellschaft nicht an dieser Praxis, besteht die Gefahr, gegenüber (einheimischen) Wettbewerbern ins Hintertreffen zu geraten und dies rechtfertigen zu müssen. Ohne explizite Unterstützung gefestigter und in Compliance-Themen gut geschulter Mitarbeiter und vor allem die Förderung einer Unternehmenskultur, die auch in der täglichen Praxis Compliance über finanzielle Ergebnisse stellt, ist dieses verbreitete Problem nicht lösbar (siehe hierzu unter Abschn. 4.5.2.1).

4.2.1.4 Zwischenfazit

Als Zwischenergebnis lässt sich festhalten, dass der eigenen Informationsbeschaffung im Rahmen von Tätigkeiten in Emerging Markets und Entwicklungsländern natürliche Grenzen gesetzt sind. Sie kann daher immer nur Ausgangspunkt in einem Audit in diesen Ländern sein.

4.2.2 Beauftragung von Dienstleistern mit der Informationsbeschaffung

4.2.2.1 Einsatz von Software und Künstlicher Intelligenz

Die wachsende Bedeutung von ESG-Themen und die stetig zunehmende Relevanz des Nachweises nachhaltigen Wirtschaftens, u. a. aufgrund einer Verrechtlichung der Thematik (siehe bereits hierzu unter Abschn. 2.2), hat naturgemäß neue Dienstleistungen hervorgebracht.

Einher geht diese Entwicklung mit dem Fortschritt der Nutzung künstlicher Intelligenz. So bieten immer mehr (neu entstandene) Unternehmen Hilfestellungen bei der Risikoanalyse auch in Emerging Markets an, die auf der automatisierten Auswertung von mehr oder minder öffentlichen Quellen basiert. Dies ist durchaus hilfreich, zumal die Angebote im Vergleich zur Beauftragung vor Ort tätiger Dienstleister günstiger sind.

Allerdings sind auch die Grenzen der technischen Möglichkeiten zu berücksichtigen. Einträge in öffentlich zugänglichen Datensätzen, z. B. Registern, können veraltet, falsch oder unvollständig sein. Als Beispiel genannt sei die Recherche der Gesellschafterstruktur eines Zulieferers in öffentlichen Registern.

Viele öffentliche Register in Emerging Markets werden nicht digital geführt, zudem sind die Einsichtsrechte limitiert. Auch ist der Erkenntniswert beschränkt, wenn sich hinter einem Kundenunternehmen eine Struktur verbirgt, die mit öffentlich zugänglichen Informationen nur schwer durchschaubar sind (z. B. Schachtelbeteiligungen und Off Shore-Unternehmensstrukturen).

Auch die computergesteuerte Auswertung von (sozialen) Medien kann grundsätzlich hilfreich sein. Die Erwartung geht dahin, über Medienberichte frühzeitig Kenntnis von Problemlagen zu erhalten, die die eigene Auslandsgesellschaft oder Zulieferer in Emerging Markets oder Entwicklungsländern betreffen. Der Ansatz ist nachvollziehbar, funktioniert in vielen Länder jedoch allenfalls eingeschränkt. Dies liegt daran, dass die Medienberichterstattung oft umfangreichen staatlichen Kontrollen unterliegt. Außerdem ist die Verbreitung der Nutzung insbesondere sozialer Medien nicht vergleichbar mit den Verhältnissen in Europa. Viele der potenziell am meisten von Menschenrechtsverletzungen Betroffenen, z. B. Kinder oder schlecht ausgebildete Arbeiter, haben keinen Zugang zu Medien irgendeiner Art.

Zudem stellen sich Beschwerden in sozialen Medien oft als haltlos heraus, lassen sich nicht verifizieren oder sind veraltet.

Soweit es um kriminelle Machenschaften geht, gilt das bereits zuvor Ausgeführte. Von wenigen großen Skandalen abgesehen, wird man hierzu insbesondere in frühen Stadien wenig in lokalen, nationalen und internationalen Medien lesen können.

Somit kann der Einsatz von Software und Künstlicher Intelligenz nur eine Hilfestellung bieten, einen Ersatz für qualifizierte Nachforschungen vor Ort stellt sie indes nicht dar. Vielfach erschöpft sich der Wert derartiger Programme darin, eine Art Ampelmodell zu generieren, das eine grobe Einordnung von Risiken ermöglicht. Diese Priorisierung von Risiken ist vielfach aber ohnehin relativ leicht möglich, z. B. über den CSR Risiko-Check oder die Nutzung des Business and Human Rights Resource Centre (BHRRC).

4.2.2.2 Zertifikate und Mitgliedschaften

Etliche Unternehmen sehen eine Möglichkeit zum Nachweis der Erfüllung von ESG-Vorgaben in der Zertifizierung von Unternehmen und Lieferketten, oft verbunden mit der Mitgliedschaft in Brancheninitiativen. Letztere gibt es mittlerweile in großer Anzahl. Die bekanntesten Beispiele sind das Bündnis für nachhaltige Textilien, die Business Social Compliance Initiative (BSCI), die Fair Wear Foundation, die International Cocoa Initiative und Roundtable on Sustainable Palm Oil (RSPO).

Allen Vereinigungen, meist als NGO registriert, ist eine freiwillige Mitgliedschaft und damit verbundene Unterwerfung unter die selbstgesetzten Standards der Vereinigung gemein. Je nach Ausgestaltung sind auch mehr oder minder regelmäßige Audits, Schulungsmaterialien, Beschwerdemechanismen sowie Zertifizierungen im Angebot.

Für Unternehmen kann sich als problematisch erweisen, dass es sich um vollkommen freiwillige Mitgliedschaften handelt. Tatsächlich sind nur wenige Unternehmen der jeweiligen Branche Mitglied, insbesondere Zulieferunternehmen in Emerging Markets und Entwicklungsländern scheuen die teure Mitgliedschaft. Der Mehrwert der Mitgliedschaft eines deutschen Unternehmens, dass ohnehin gesetzlich zur Einhaltung der Sorgfaltspflichten verpflichtet ist, erscheint derzeit daher als eher gering. Denn ob sich Mitgliedsunternehmen wirklich an die selbstgesetzten Standards halten, wird eher selten geprüft. Da es sich meist um internationale Gruppierungen handelt, sind die Standards auch nicht zwingend identisch mit den Vorgaben deutscher und europäischer Gesetze. Es gibt keinen einheitlich anerkannten Standard für die selbstgesetzten Regeln und den Maßnahmenkatalog.

In keinem Fall bietet allein die Mitgliedschaft in einer Brancheninitiative die Gewähr dafür, dass die Compliance-Vorgaben in einer eigenen Tochtergesellschaft oder bei einem bestimmten Zulieferer eingehalten werden.

Auch eine Zertifizierung ohne Brancheninitiative bietet allein keinen geeigneten Nachweis für die Erfüllung von Nachhaltigkeits- oder Sorgfaltspflichten. Dies liegt zum einen an der großen Vielfalt von Anbietern. Es gibt keinen allgemein anerkannten gemeinsamen Standard, vielmehr legt jeder Anbieter einer Zertifizierung die Kriterien der Beurteilung selbst fest. Überdies wählen Unternehmen aus der Vielzahl der Anbieter selbst aus und nehmen so erheblichen Einfluss auf das Ergebnis. Da eine Zertifizierung zumeist mit nicht unerheblichen Kosten verbunden ist, handelt es sich eher um den Kauf eines Zertifikats als um einen unabhängigen Beurteilungsprozess. In der Praxis kommt es auch nicht vor, dass ein Zertifikat verweigert wird, tatsächlich findet in aller Regel ein Leistungsaustausch „Geld gegen Zertifikat" statt. Bei vielen Zertifikatsausstellern ist überdies zu beobachten, dass die Zertifizierung ganz oder überwiegend auf einer Selbstbeurteilung, mindestens aber auf einem eingeschränkten Prüfmaßstab beruht. So gut wie nie findet ein On-Site Audit oder eine anderweitige Verifizierung von Daten in Emerging Markets oder Entwicklungsländern statt. Hierzu fehlen den Zertifikatsanbietern in aller Regel die personellen und finanziellen Mittel. Eine einmal erteilte Zertifizierung ist zudem in keiner Weise bindend. Nichts hindert ein zertifiziertes Unternehmen von den selbst gesetzten zertifizierten Standards später abzuweichen.

Vielfach handelt es sich bei einer Zertifizierung daher derzeit um nichts anderes als ein Marketing Tool. Dementsprechend werden auch Logos oder Siegel auf der Webseite von Unternehmen eingesetzt. Eine Aussagekraft über die Erfüllung gesetzlich normierter Sorgfaltspflichten ist oft nicht gegeben. Derartige Zertifikate sind folglich für sich allein derzeit nicht tauglich für den Nachweis der Erfüllung gesetzlicher ESG-Compliance-Pflichten.

Dies wird im Bereich des LkSG auch von dem BAFA so gesehen. Das BAFA verweist insoweit auf den beschränkten Nutzen von Selbstverpflichtungen, Selbstauskünften, Tools und Zertifikaten.

4.2.2.3 Dienstleister zur Durchführung eines On-Site Audits

Aufgrund der Komplexität der Prüfprozesse ist die Heranziehung von Beratungsunternehmen bei der Durchführung von On-Site Audits in Emerging Markets zumeist kaum entbehrlich. Anders wäre dies nur dann, wenn relevante Kompetenzen bzw. Know-how im Unternehmen selbst vorhanden sind.

Dabei liegt das Hauptproblem in der Auswahlentscheidung. Unzählige Dienstleister sind bereits verfügbar. Mit einem wachsenden Bedarf ist damit zu rechnen, dass sich die Anzahl der Anbieter derartiger Dienstleistungen noch wesentlich erhöhen wird.

Einen Anhaltspunkt können Bewertungen und Empfehlungen, z. B. auch von ortsansässigen Organisationen wie Außenhandelskammern und Botschaften bieten. Aufgrund der stark rechtlich ausgerichteten ESG-Gesetzgebung in Europa ist auch die Beauftragung zugelassener Rechtsanwälte ratsam. Auch das BAFA empfiehlt in seiner Handreichung zur Zusammenarbeit in der Lieferkette ausdrücklich (externe) anwaltliche Beratung.

Neben schwer zu beurteilenden Qualitätsaspekten spielen bei der Auswahlentscheidung auch Verfügbarkeit, Kosten, Erfahrung und vor allem Vernetzung in den maßgebenden Regionen eine Rolle.

In jedem Fall muss bei einer Beauftragung externer Dienstleister an die Aspekte Datenschutz (Auftragsverarbeitung) und Geheimhaltung (Abschluss von Geheimhaltungsvereinbarungen) gedacht werden. Dies ist in Deutschland Standard. Bei ausländischen Dienstleistern ist (daneben) das jeweils anwendbare lokale Recht maßgeblich.

4.2.3 Zusammenstellung des Teams

Überlegungen zur Zusammenstellung des Ermittlungsteams richten sich nach den Erfordernissen der vorzunehmenden Prüfung. Je umfangreicher der Prüfauftrag und je mehr (rechtliche) Lebenssachverhalte zu untersuchen bzw. Orte aufzusuchen sind, desto größer sollte das auszuwählende Team ausfallen. Ist hingegen lediglich eine Einzelfrage zu klären, kann es sogar ausreichen, einen qualifizierten eigenen Mitarbeiter mit der Durchführung der Untersuchung zu betrauen.

4.2.3.1 Eigene Mitarbeiter

Zu berücksichtigen ist zunächst, dass das betroffene Unternehmen selbst immer angemessen repräsentiert sein sollte. Denn regelmäßig wird auch eine Kenntnis der Organisation unerlässlich sein.

▶ Unter Umständen sind im Hinblick auf die Zuziehung eigener Mitarbeiter auch rechtliche Anforderungen zu erfüllen. Lag etwa ein Hinweis nach dem Gesetz für einen besseren Schutz hinweisgebender Personen (Hinweisgeberschutzgesetz – HinSchG) vor, ist der für die Meldestelle und die Bearbeitung von Hinweisen zuständige Mitarbeiter oder der beauftragte externe Berater zu beteiligen. Sind datenschutzrechtliche Themen relevant, ist auch der Datenschutzbeauftragte hinzuzuziehen. Bei möglichen Menschenrechts- oder Umweltverstößen ist (auch) der Menschenrechtsbeauftragte zu beteiligen.

Hinzu kommen aufgrund der Compliance-Organisation des Unternehmens zwingend zu beteiligende Personen, wie etwa die Compliance-Abteilung, sowie diejenigen Fachgebietsleiter, deren Geschäftsbereich betroffen ist. Eine Beteiligung der Personalabteilung ist regelmäßig sinnvoll, da sowohl etwaige Beteiligungsrechte von Arbeitnehmervertretern als auch Personalmaßnahmen (auch dabei zu beachtende Fristen) im Blick behalten werden müssen.

Hingegen wird die Unternehmensleitung meist nur (laufend) informiert, ist aber nicht selbst ermittelnd tätig.

Geht es um eine Due Diligence im Rahmen eines Unternehmenskaufs, sind regelmäßig eine Vielzahl eigener Mitarbeiter (und externer Rechtsberater) involviert.

4.2.3.2 Externe Berater

Sofern – wie meist – auch externe Berater eingeschaltet sind, muss darauf geachtet werden, dass das Ermittlungsteam überschaubar gehalten wird.

▶ Insbesondere ist klar zu definieren, wer welche Aufgaben erfüllt und vor allem wer die Leitung des Teams innehat. Reibungsverluste, Missverständnisse und Kommunikationsfehler können sich fatal auf das Ergebnis bzw. dessen Verwertbarkeit auswirken.

Bei der Hinzuziehung externer Berater wird es im Regelfall in erster Linie darum gehen, diejenigen Kompetenzbereiche abzudecken, die intern nicht besetzt sind oder besetzt werden können. Hierbei wird es sich regelmäßig um bestimmte Rechtsgebiete oder spezielles Know-how, z. B. zu Steuerthemen, Bilanzierung, Materialsicherheit oder Qualitätssicherung handeln.

Im Kontext von Untersuchungen (auch) in Emerging Markets ist vor allem auch die notwendige Kenntnis der Verhältnisse vor Ort zu berücksichtigen. Dies fängt bei den rechtlichen Gegebenheiten an, erstreckt sich auf kulturelle Besonderheiten und umfasst Besonderheiten der betroffenen Landesgesellschaft. Entsprechende Wissens- und Verständnisdefizite im Unternehmen selbst sollten im Rahmen der internen Untersuchung offensiv gegenüber externen Beratern angesprochen werden. Unternehmen sollten aktiv Rat einholen, um Compliance-Strukturen an die lokalen Gegebenheiten anpassen zu können und auf die Verhältnisse vor Ort maßgeschneiderte Compliance-Maßnahmen implementieren zu können.

Insbesondere bei eigenen Niederlassungen im Ausland ist genau zu prüfen, ob und welche lokalen Mitarbeiter bei der Einschaltung externer Berater beteiligt oder hinzugezogen werden können. Insbesondere wenn es um Ermittlungen in Bezug auf (potenziell) strafbare Handlungen geht (etwa Bestechung), muss indes gewährleistet werden, dass eine solche Zuziehung oder Einschaltung lokaler Mitarbeiter den Ermittlungserfolg nicht gefährdet.

Unerlässlich ist auch die Kenntnis vom genauen Zusammenspiel der Behörden im Ausland. Erst wenn die lokalen Mechanismen verstanden werden, können belastbare Entscheidungen, z. B. über die Einreichung einer Strafanzeige, die Einleitung staatlicher Ermittlungsverfahren oder die Einreichung von Klagen getroffen werden. Durch die Hinzuziehung externer Berater kann auch hier relevantes Wissen zu lokalen Gegeben- und Besonderheiten gewonnen werden.

4.2.3.3 Fazit zur Teambildung

Im Ergebnis ist in aller Regel ein multidisziplinäres, international zusammengesetztes Team unter der Leitung erfahrener Ermittler (gleich welcher Profession) erforderlich, um den gewünschten Erfolg eines On-Site Audit in einem Emerging Market zu erzielen.

4.2.4 Anforderungsprofile

Unabhängig von der durchaus situationsabhängigen personellen Zusammensetzung des Teams, das einen Audit durchführt, sind die fachlichen Kompetenzen der Teammitglieder von entscheidender Bedeutung.

4.2.4.1 Teamleitung

Eine besondere Bedeutung kommt naturgemäß dem Teamleiter zu. Es ist unabdingbar, dass eine, höchstens zwei Personen den Gesamtüberblick bewahren und die Einzelaktivitäten der Teammitglieder koordinieren. Die Erfahrung zeigt, dass ohne eine solche Koordination Redundanzen entstehen und im schlechtesten Fall sogar das Ergebnis einer Untersuchung gefährdet wird.

4.2.4.2 Vermeidung von Redundanzen

Redundanzen ergeben sich dann, wenn mehrere Teammitglieder die gleichen Fragestellungen bearbeiten und z. B. mit den gleichen Interviewpartnern sprechen. Dies bindet nicht nur unnötig Kapazitäten und löst bei dem Auftraggeber den Eindruck eines ineffizienten Vorgehens aus. Oft entstehen durch Redundanzen auch (oft nur scheinbare) Widersprüche, die anschließend mühsam wieder aufgelöst werden müssen. Zudem kann das Vertrauen bei den Gesprächspartnern verloren gehen, wenn diese von unterschiedlichen Teammitgliedern wiederholt zu den gleichen Themen befragt werden. Im Extremfall kann es sogar zu unerwünschten behördlichen Maßnahmen kommen, wenn sich Teammitglieder ohne Abstimmung an ihnen bekannte Amtsträger wenden, um „das Verfahren zu „beschleunigen"".

4.2.4.3 Teamfähigkeit

Das Erfordernis einer Koordination bedeutet auf der anderen Seite auch, dass die Teammitglieder allesamt Teamplayer sein sollten. Diese Anforderung ist nicht immer leicht zu erfüllen, da es sich bei den Teammitgliedern gerade bei Auslandssachverhalten nicht selten um Führungspersonal im In- und Ausland mit einem entsprechenden Selbstverständnis handelt.

Auf Teamfähigkeit sollte unbedingt auch bei der Heranziehung ausländischer Experten vor Ort geachtet werden. Sofern es sich dabei nicht um eigene, weisungsunterworfene Mitarbeiter handelt, müssen die Berichts- und Weisungslinien vertraglich klar fixiert werden.

4.2 Erster Schritt: Sachverhaltsermittlung

4.2.4.4 Rechtskenntnisse

Die konkreten Anforderungsprofile der Teammitglieder ergeben sich aus den Erfordernissen im Einzelfall. Je nach Schwerpunkt der Untersuchung ist Expertise im Steuerrecht, Bilanzierungsfragen, Straf-, Datenschutz-, Gesellschafts- und Arbeitsrecht – um nur einige besonders häufig betroffene Rechtsbereiche zu nennen – erforderlich.

Da es im Ausland immer auch auf das lokale Recht ankommt, ist in jedem Fall die Beteiligung eines oder mehrerer lokaler Rechtsexperten unerlässlich.

Allerdings ist es je nach Umfang der zu klärenden Frage nicht immer erforderlich, benötigte Experten zu Teammitgliedern zu machen. Handelt es sich nur um Einzelfragen, können diese auch außerhalb des Teamkontextes im Rahmen punktueller Beauftragungen abgefragt werden.

4.2.4.5 Ausländische Mitarbeiter

Wie bereits kurz erläutert (siehe bereits hierzu unter Abschn. 4.2.1.2), kann sich der Einbezug von Mitarbeitern im Ausland in Untersuchungen als kritisch erweisen. Gerade wenn es um mögliche Gesetzesverstöße geht, ist aus Unternehmenssicht Vorsicht angebracht.

Zu Beginn einer Untersuchung steht nur selten fest, welche Personen beteiligt sein könnten. Um den Untersuchungserfolg nicht zu gefährden, ist der Kreis der Eingeweihten daher zunächst klein zu halten. Gerade bei einem ersten On-Site Besuch ist eine Vorankündigung oft nicht zu empfehlen.

Vorstehendes gilt jedenfalls für Compliance-Untersuchungen. Bei einer Due Diligence werden im Rahmen eines Unternehmenskaufes andere Maßgaben gelten.

4.2.4.6 Sonstiges

Unabhängig von erforderlichen Rechtskenntnissen ist bei der Definition der Anforderungsprofile auch auf „Soft Factors" zu achten. Vielfach geht es um Untersuchungen in einem aus europäischer Sicht völlig anderen kulturellen Umfeld. Es sollte mindestens eine entsprechende Sensibilität, wenn nicht sogar ausgeprägte Ortskenntnisse bzw. eine gewisse Affinität zu dem betroffenen Land vorhanden sein. Zu vermeiden ist ein als arrogant oder „besserwisserisch" empfundenes Auftreten. Respekt und Unvoreingenommenheit sind mithin unerlässlich.

Wichtig für alle Teammitglieder ist auch deren zeitliche Verfügbarkeit. Da regelmäßig auch mehrtägige Reisen anfallen, bedeutet dies, gerade für aus dem Ausland anreisende Experten, ein erhebliches Maß an erforderlicher zeitlicher Flexibilität. Unter Umständen müssen diese auf kurzen Zuruf in der Lage sein, unverzüglich erneut anzureisen und mehrere Tage im Zielland tätig zu werden.

Dies bedeutet naturgemäß eine nur eingeschränkte Möglichkeit der Erfüllung anderer Aufgaben.

▶ Zu denken ist in diesem Zusammenhang auch an erforderliche Aufenthaltserlaubnisse (Visa) und ggfls. weitere erforderliche Dokumente, wie Einladungsschreiben oder (bei längeren Aufenthalten im Emerging Markets) sogar Arbeitserlaubnisse. Es wird regelmäßig nicht möglich sein, auf der Basis von (für Europäer oft leicht zu erlangenden) Touristenvisa Ermittlungstätigkeiten in einem Emerging Market durchzuführen.

Von besonderer Sensibilität ist auch die Kooperation mit lokalen oder regionalen Geschäftspartnern. Unabhängig von einem berechtigten Aufklärungsinteresse sollte vermieden werden, dass etablierte Geschäftsbeziehungen gefährdet werden. Ein direkter Zugriff auf Mitarbeiter eines Geschäftspartners besteht ohnehin im Regelfall nicht, sodass es diesbezüglich der Mitwirkung des Managements oder der Gesellschafter des lokalen Unternehmens bedarf. Zu vermeiden sind Ansprachen und Interviews ohne vorherige Absprache mit allen Stakeholdern. Dabei sind auch hier Geheimhaltungsvereinbarungen und Datenschutzbelange zu berücksichtigen. Im Regelfall dürfen fremde Mitarbeiter keine Auskünfte in geschäftlichen Vorgängen des eigenen Arbeitgebers ohne dessen vorherige Zustimmung erteilen. Aufgrund potenzieller lokaler Besonderheiten sollte der Abschluss entsprechender Vereinbarungen zu den Vorbereitungshandlungen zählen, die der eigene lokale Rechtsvertreter übernimmt.

4.3 Organisation des Audits

Eine gründliche Vorbereitung und Organisation eines On-Site Audits ist ein wesentlicher Schlüssel zum Erfolg. Dabei darf allerdings nicht außer Acht bleiben, dass derartige Untersuchungen nie im Detail im Voraus zu planen sind.

Ein wesentlicher Teil von On-Site Audits ist eine Eventualplanung, d. h. das Vorhersehen bestimmter Entwicklungen und Hindernisse. Indes sind regelmäßig nicht alle Entwicklungen vorhersehbar. Daher muss die notwendige Flexibilität gewahrt sein und der Organisationsplan ständig den aktuellen Erfordernissen angepasst werden.

4.3.1 Dokumentenmanagement/Checklisten

Zu einer gründlichen Vorbereitung eines On-Site Audits gehört die anfängliche Auswertung aller schon vorhandenen Informationen. Sofern absehbar ist, dass notwendige Informationen fehlen, muss geklärt werden, wie und durch wen diese beschafft werden können.

▶ Erfahrene Berater verfügen insoweit über Checklisten, mit deren Hilfe sichergestellt werden soll, dass keine wesentlichen Punkte außer Acht bleiben. Auch hier ist allerdings Vorsicht geboten. Allzu leicht führt eine Checkliste dazu, dass einfach nur Punkte abgehakt werden und wesentliche Aspekte unbemerkt bleiben.

Die exakte Festlegung der Dokumente, die geprüft werden sollten, hängt naturgemäß zum einen von der Art der Geschäftstätigkeit ab, vor allem aber von dem Umfang des Prüfauftrags. Letzterer ist oftmals aus Zeit- und Kostengründen sachlich auf die Untersuchung bestimmter Vorgänge limitiert.
Dokumente, die generell geprüft werden sollten, sind etwa:

- Verträge, insbesondere mit Lieferanten und Zulieferern, aber auch Miet- und Arbeitsverträge sowie Verträge mit Dienstleistern
- Finanzunterlagen wie Kontoauszüge, Steuerbescheide, Rechnungen und Budgetplanungen
- Auditberichte und Korrespondenz mit anwaltlichen und steuerlichen Beratern sowie Wirtschaftsprüfern und (einheimischen) Gesellschaftern
- Offizielle Registrierungsunterlagen, Registerauszüge (aktuell sowie historisch), Lizenzen und Berichte an staatliche Behörden, Zollunterlagen
- Produktspezifikationen und Qualitätskontrollberichte, Herkunftsnachweise
- Berichte zur Einhaltung von Umweltstandards und -normen, Zertifikate
- Aufstellungen zu Inventar, Firmenvermögen, Arbeitnehmern, Vereinbarungen mit Arbeitnehmervertretungen
- Unterlagen zu rechtlichen Auseinandersetzungen, (schieds)gerichtlichen bzw. außergerichtlichen Prozessen

Ergänzend zu den vorstehend genannten Unterlagen müssen regelmäßig folgende Daten im ESG-Kontext herangezogen werden:

- Produktions- und Verkaufs-/Einkaufsdaten (Lagerbestände, Inventar)
- Lieferantenstatistiken

- Umweltdaten
- Datenauswertung zu Kosten, Arbeitsbedingungen (z. B. Arbeitszeiten/ Mehrarbeit, Investitionen in Weiterbildung, Schulungen und Arbeitsschutzmaßnahmen)
- Informationen zur Rohstoffbeschaffung, Zusammensetzung von (Vor-) Produkten
- Finanzdaten und Vertragsdokumentation zu Zulieferern einschließlich Informationen zur tieferen Lieferkette
- Umweltdaten wie Informationen zu Emissionen, Abfallentsorgung und Umweltauswirkungen der eigenen Aktivitäten im Entwicklungsland
- Sozialdaten der Lieferanten zur Sicherstellung der Einhaltung von Menschenrechten und Sozialstandards in der Lieferkette
- Informationen zu Richtlinien, Risikoanalysen und dem eigenen Risikomanagementsystem
- Informationen zu Präventions- und Abhilfemaßnahmen bei festgestellten Risiken

Diese Auflistung ist keinesfalls abschließend und in jedem Einzelfall relevant, vielmehr kommt es auf den genauen Prüfauftrag und die Verhältnisse des zu auditierenden Unternehmens an.

4.3.2 Zeitplanung

Bei der Zeitplanung einer internen Untersuchung in Emerging Markets und Entwicklungsländern gilt es eine Reihe von Faktoren zu beachten, um sicherzustellen, dass die Untersuchung effizient durchgeführt wird. Hierzu zählen:

4.3.2.1 Reisezeiten

Im Rahmen der Planung einer internen Untersuchung in Emerging Markets und Entwicklungsländern muss genügend Zeit für die Anreise sowie Reisen innerhalb des Landes bzw. einer Großstadt eingeplant werden. Je nach Standort des Unternehmens und des Lieferanten sowie der Anzahl der zu sprechenden Mitarbeiter, Geschäftspartner und Behörden bzw. Regierungsvertreter kann sich eine interne Untersuchung über mehrere Tage oder sogar Wochen ziehen. Nicht selten ist nach einem ersten Besuch auf der Grundlage (zwischenzeitlich) gewonnener Erkenntnisse ein Folgetermin erforderlich.

4.3 Organisation des Audits

▶ **Tipp**

Bei den Reisezeiten sind die infrastrukturellen Verhältnisse, die allgemeine Verkehrslage, die Wetterbedingungen (drohen bspw. Einschränkungen aufgrund von Monsunregens) sowie gesetzliche bzw. religiöse Feiertage des Landes zu berücksichtigen.

Nach wie vor gibt es zudem Schwellen- und Entwicklungsländer mit abweichendem Wochenkalender (z. B. islamisch geprägte Staaten). Außerdem sind Urlaubszeiten und Feiertage sowie deren Handhabung (Brückentage, Ersatzfeiertage) maßgebend für die Zeitplanung einer Untersuchung vor Ort.

4.3.2.2 Kommunikation

Die Kommunikation mit allen beteiligten Parteien ist bei der Zeitplanung angemessen zu berücksichtigen. Zwar stehen auch in Schwellen- und Entwicklungsländern viele Kommunikationsmittel zur Verfügung, die einen schnellen Austausch ermöglichen; allerdings sind erforderliche Akteure nicht jederzeit verfügbar. Dies betrifft alle Kommunikationsstränge, also den Austausch mit Auftraggebern, Behörden, Geschäftspartnern, Mitarbeitern und Führungskräften.

Insoweit sind Verzögerungen durch Urlaube, Erkrankungen oder auch geschäftliche Abwesenheiten einzuplanen. Behördenvertreter oder Dienstleister wie Banken sind nicht auf Zuruf verfügbar. Vielmehr sind im Vorfeld Gesprächstermine zu vereinbaren. Dabei ist Flexibilität gefragt. Denn nicht immer werden vereinbarte Termine auch eingehalten, weil mitunter ein anderes Verständnis von Pünktlichkeit bzw. Zuverlässigkeit vorherrscht.

Auch die Vorbereitung derartiger Gespräche ist zeitaufwendig. Viele offizielle Stellen verlangen vor Auskunftserteilung (ggfls. zu beglaubigende und zu übersetzende) Vollmachten oder vergleichbare Dokumente.

Beispiel

Die Erfahrung zeigt, dass schon ein vermeintlich unkomplizierter Besuch – z. B. in einer Bank, um dort Auskunft über Kontenbewegungen zu erhalten – ohne gründliche Vorbereitung zum Scheitern verurteilt ist und alleine für sich genommen ohne Weiteres einen Prüfungstag „kosten" kann. ◄

4.3.2.3 Übersetzungen

Bei der Durchführung eines Audits in einem Land, in dem eine fremde Sprache gesprochen wird, muss genügend Zeit für die Übersetzung von Dokumenten und Gesprächen eingeplant werden. Dabei geht es nicht nur um die vorstehend erwähnten Legitimierungen, sondern auch schlicht um alle unter Abschn. 4.2.1 erwähnten Dokumente, die oftmals nur in der Originalsprache vorliegen werden bzw. nur im Original rechtsverbindlich sind.

Daher ist eine kurzfristig verfügbare Übersetzungshilfe (vielfach wird dies der lokale Rechtsvertreter sein) unentbehrlich. Vorsicht ist bei rein IT gestützten Übersetzungen geboten, da diese (noch) nicht die erforderliche Rechtssicherheit bieten.

▶ Nicht immer ist eine erste Übersetzung hilfreich. Sofern Rechtsbegriffe verwendet werden, sind diese vor dem Hintergrund der Rechtslage vor Ort auszulegen. Keinesfalls kann im Rahmen einer solchen Auslegung vom eigenen oder einem vermeintlich international einheitlichen Verständnis ausgegangen werden.

4.3.2.4 Kulturelle Unterschiede

Bei der Zeitplanung einer internen Untersuchung in einem anderen Land müssen auch kulturelle Unterschiede berücksichtigt werden. Es ist wichtig, genügend Zeit einzuplanen, um diese Unterschiede zu verstehen und angemessen auf sie zu reagieren.

Dabei ist diese Überlegung nicht auf offensichtliche Unterschiede beschränkt, vielmehr sind lokale Gebräuche oder Praktiken auch in vermeintlich vergleichbaren Kulturkreisen genau zu prüfen. Dies gilt vor allem bei einer Beschränkung des kulturellen Aspekts nur auf die vorherrschende Religion.

Die praktische Erfahrung zeigt, dass kulturelle Unterschiede in der Realität deutlich komplexer sind: Kulturelle Unterschiede treten nicht nur zwischen Regionen der Welt, den großen Religionen und einzelnen Ländern auf, sondern auch zwischen bestimmten ethnischen, religiösen, sprachlichen und regionalen Untergruppen innerhalb von Ländern. Ein häufig verwendetes Modell zur Betrachtung von kulturellen Unterschieden ist das Eisberg-Modell, das die sichtbaren und unsichtbaren Aspekte einer Kultur unterscheidet.

Sichtbare kulturelle Unterschiede sind leicht zu erkennen und umfassen etwa:

- Sprache und nonverbale Kommunikation
- Kleidung und Körpersprache

4.3 Organisation des Audits

- Essen und Trinken
- Feiertage und Feste
- Kunst und Musik

Unsichtbare kulturelle Unterschiede sind schwieriger zu erkennen, aber oft genauso wichtig wie die sichtbaren Unterschiede. Sie umfassen etwa:

- Werte und Überzeugungen
- Normen und Erwartungen
- Sichtweisen auf die Welt
- Kommunikationsstile

Es versteht sich von selbst, dass Außenstehende nur begrenzt über die Möglichkeit verfügen, die unter Umständen notwendigen Abgrenzungen vorzunehmen. Auch insoweit ist es im Sinne einer erfolgreichen Untersuchung ratsam, lokale Experten hinzuzuziehen. Dabei ist es nicht unbedingt ausreichend, sich vollständig auf eine Person oder einen kleinen Personenkreis (die an dem Audit beteiligten lokalen Mitarbeiter und Rechtsberater) zu verlassen.

4.3.2.5 Flexibilität

Es ist wichtig, genügend Zeit für die Reaktion auf Zwischenergebnisse und Erkenntnisse der Untersuchung einzuplanen. Jedes Gespräch und jedes neu verfügbare Dokument kann Erkenntnisse hervorbringen, die zu einer Planänderung führen. So wird es im Regelfall sinnvoll sein, Personen mit Schlüsselfunktionen und Spezialkenntnissen mehrfach zu befragen.

Hierbei müssen auch unterschiedliche Zeitzonen berücksichtigt werden, da sehr häufig jeder einzelne Schritt einer Untersuchung vorab mit dem Auftraggeber abgesprochen werden muss, um Nachteile und Missverständnisse zu vermeiden. Jeder Schritt kann rechtliche oder wirtschaftliche Auswirkungen haben, auf die ein Berater hinweisen muss, die er aber nicht final entscheiden kann.

4.3.2.6 Legal Compliance

Bei der Planung einer internen Untersuchung in einem anderen Land müssen selbstverständlich auch die gesetzlichen Vorschriften des jeweiligen Landes beachtet werden. Es ist wichtig, die voraussichtlich maßgeblichen Vorschriften bereits im Vorfeld zu analysieren und zu verstehen. So kann es nach den Vorschriften des Landes unzulässig sein, bestimmte Daten ins Ausland zu transferieren. Im Extremfall besteht hier sogar die Gefahr sich bei der Durchführung eines Audits strafbar zu machen und entweder nicht problemlos ausreisen zu können oder aber jedenfalls bei einer geplanten Rückkehr an der Einreise gehindert zu werden.

Auch während einer laufenden Untersuchung können neue, zuvor nicht bedachte Rechtsthemen relevant werden. Dies ist bei der Zeitplanung zu berücksichtigen, da ggfls. erst einmal eine rechtliche Bewertung vorgenommen werden muss, bevor der nächste Schritt angegangen werden kann.

In jedem Stadium einer Prüfung ist zudem zu hinterfragen, ob und inwieweit staatliche Stellen informiert werden (müssen). Die Entscheidung kann auf zwingenden Vorschriften, aber auch auf Zweckmäßigkeitserwägungen beruhen. Eine Strafanzeige hat regelmäßig erhebliche Implikationen und kann die ganze unabhängige, interne Untersuchung aushebeln oder aber mindestens erheblich verzögern. Andererseits stehen staatlichen Akteuren andere Mittel zur Verfügung als privaten Prüfern. Viele Staaten reagieren erfahrungsgemäß besonders sensibel, soweit vermeintliche Staatsgeheimnisse (die mitunter recht ausufernd definiert sind, bspw. in Bezug auf öffentliches Auftragswesen), Know-how-Transfer oder Finanztransaktionen betroffen sind. So sind immer auch etwaige steuerliche Implikationen von Prüfergebnissen im Blick zu behalten.

▶ Zu den einzuhaltenden gesetzlichen Vorschriften zählt – dies wird oft unterschätzt – auch das Aufenthaltsrecht. Zwar ist es vielen Personengruppen vergleichsweise problemlos möglich, als Tourist einzureisen (ohne zuvor ein Visum zu beantragen), jedoch ist die Durchführung einer Untersuchung vor Ort sicherlich keine touristische Aktivität. Ein Geschäfts(reise)visum muss im Regelfall zuvor beantragt werden, dabei sind weitere Formalitäten wie z. B. ein Einladungsschreiben einer Organisation des Landes erforderlich. Je nach Art der Untersuchung muss dabei darauf geachtet werden, nicht mit unzutreffenden oder irreführenden Angaben zum Zweck der Reise zu arbeiten.

Eine sorgfältige Planung und Berücksichtigung dieser Faktoren tragen dazu bei, dass eine interne Untersuchung auch in Schwellen- und Entwicklungsländern effizient durchgeführt werden kann. Allerdings zeigen die obigen Ausführungen deutlich, dass Schnellschüsse kaum durchführbar sind.

Es versteht sich von selbst, dass sich die Erfordernisse der Zeitplanung mit dem Interesse des Auftraggebers an einer schnellen Aufklärung des Sachverhalts nicht immer in Einklang bringen lassen.

Außerdem ist bei der zeitlichen Planung auch darauf zu achten, dass ein etwaig sinnvolles Überraschungsmoment nicht verloren gehen sollte. Werden Personen, die Gegenstand einer Untersuchung oder aber zumindest wichtige Zeugen sind, frühzeitig vorgewarnt, können wesentliche Erkenntnisse verschlossen bleiben.

4.3.3 Klärung von Rechtsfragen im Auslandskontext

Neben den bereits angesprochenen Rechtsfragen, wie Aufenthaltsrecht und Datenschutz bei Datentransfers, gibt es eine Vielzahl weiterer Rechtsfragen, die idealerweise vorab, aber auch noch während einer laufenden Untersuchung zu klären sind.

Daher ist es unerlässlich, die erforderliche Expertise ggfls. auch kurzfristig verfügbar zu haben. Dies bedeutet, dass in aller Regel nicht nur ein lokaler Experte greifbar sein muss, da die meisten Anwälte auch in Schwellen- und Entwicklungsländern auf bestimmte Rechtsgebiete spezialisiert sind und nicht als Allrounder über umfassende Kenntnis aller Rechtsgebiete verfügen.

Dies gilt aber nicht nur für die lokalen Rechtsvertreter am Sitz einer Niederlassung oder eines Zulieferers. Gerade die neuen Normen mit extraterritorialer Wirkung erfordern Kenntnisse in Bereichen, die keinesfalls zum Standardrepertoire eines heimischen Juristen gehören.

Durch den Einbezug internationaler Verträge und Konventionen ist zunächst auch Sachkunde im internationalen Recht erforderlich. So kann ohne Kenntnis z. B. der im LkSG in Bezug genommenen ILO-Übereinkommen nicht sachgerecht beurteilt werden, ob und ggfls. welcher Verstoß gegen Menschenrechtsnormen vorliegt. Vorgelagert ist zu prüfen, ob das betreffende Entwicklungsland die internationale Norm ratifiziert hat und wie ggfls. eine Umsetzung auf nationaler Ebene erfolgt ist bzw. wie sich eine fehlende Ratifizierung auswirkt.

Vielfach noch praxisrelevanter sind jedoch Fragen des Kollisionsrechts und die Auswirkungen extraterritorialer Sachverhalte im Heimatland. So kann z. B. zu prüfen sein, ob eine als Geschäftsführer einer Auslandsgesellschaft begangene Untreue nicht nur im Entwicklungsland, sondern auch im Heimatland strafbar sein kann oder arbeitsrechtlich relevant ist.

Noch komplizierter ist die rechtliche Beurteilung vertragsrechtlicher Sachverhalte, wenn unklar ist, welches materielle Recht auf den Vertrag anwendbar ist, auf den Vertrag unterschiedliche Rechtsordnungen zur Anwendung kommen oder Vertragsbestimmungen gegen zwingendes lokales Recht verstoßen. So ist nicht einmal die Gestaltung von Lieferbedingungen oder Verträgen auf der ersten Ebene, d. h. zwischen einem Importeur und dessen direktem Zulieferer unproblematisch, wenn z. B. Gewährleistungsansprüche oder Sorgfaltspflichten „weitergegeben" werden, wie es z. B. das LkSG gerade fordert. Erst recht gilt dies für Verträge zwischen Zulieferern. Es ist noch völlig ungeklärt, wie sog. Weitergabeklauseln bei Geltung verschiedener fremder Rechtsordnungen durchgesetzt werden können. Dies ist durchaus auch für Audits von Bedeutung, sehen doch viele dieser Verträge (aus deutscher Perspektive sinnvollerweise) das Recht vor, Audits auch bei mittelbaren Zulieferern durchzuführen bzw. verlangen zu können.

Im Rahmen einer Compliance-Untersuchung im Ausland ist daher eine umfassende juristische Prüfung im Vorfeld unerlässlich. Allerdings müssen nicht alle potenziellen Probleme schon im Vorfeld geklärt werden. Oftmals geht es bei Untersuchungen in erster Linie darum, einen konkreten Vorfall aufzuklären oder ein bestimmtes Themenfeld abzuarbeiten, um z. B. bestehende Berichtspflichten erfüllen zu können.

4.3.4 Aufgabenverteilung nach Kompetenzprofilen

Die Aufgabenverteilung nach Kompetenzprofilen ist ein wichtiger Aspekt der Projektsteuerung, da sie sicherstellt, dass die jeweils kompetentesten Personen mit den erforderlichen Fähigkeiten die anstehenden Aufgaben übernehmen. Vor allem wird so aber auch sichergestellt, dass Aufgabenstellungen sich nicht überlappen und entweder doppelt erledigt werden oder gar unberücksichtigt bleiben.

Eine Optimierung der Aufgabenverteilung nach Kompetenzprofilen im Rahmen einer Projektsteuerung sollte also etwa folgende Aspekte berücksichtigen:

4.3.4.1 Kompetenzprofile

Bereits zu Beginn einer Untersuchung sollten zunächst möglichst genaue Kompetenzprofile für jedes Teammitglied erstellt werden, um deren Fähigkeiten und Erfahrungen zu verstehen.

Idealerweise erfolgt bereits die Auswahl der Teammitglieder anhand eines zuvor erstellten Aufgabenprofils. Dies ist jedoch aufgrund Ressourcenmangels zum einen nicht immer möglich. Zum anderen ist zu Beginn eines Audits noch nicht unbedingt bekannt, welche Profile im Verlauf der internen Untersuchungen erforderlich werden.

4.3.4.2 Priorisierung

Eine Vorsortierung von Aufgaben nach einer (vorläufigen) Priorität soll sicherstellen, dass die zunächst am wichtigsten erscheinenden Aufgaben von Teammitgliedern mit den passenden Fähigkeiten und Erfahrungen übernommen werden. Daneben spielt die Priorisierung auch eine Rolle bei der zeitlichen Planung.

4.3.4.3 Kommunikation

Eine klare Kommunikationsstrategie ist wichtig, um sicherzustellen, dass anstehende Aufgaben zeitnah an die Personen verteilt werden, die zur Verfügung stehen und die erforderlichen Kompetenzen besitzen.

Eine besonders wichtige Aufgabe kommt insoweit der Projektleitung zu, die den Überblick behalten sollte, deren Weisungen zu befolgen sind und die den alleinigen Kontakt zu dem Auftraggeber aufrechterhält.

Zur Kommunikation zählt insoweit auch die regelmäßige Berichterstattung der Teammitglieder und Berater an die Teamleitung, um der Projektleitung die Feinjustierung zu ermöglichen und Fehlentwicklungen rechtzeitig vorzubeugen.

Ohne ständige Abstimmung und Koordination kann zudem bei dem Auftraggeber der Eindruck eines unprofessionellen und nicht abgestimmten Vorgehens entstehen.

▶ Aus Sicht der Projektleitung ist unbedingt zu vermeiden, dass es zu direkten Weisungen des Auftraggebers an einzelne Teammitglieder, z. B. im betroffenen Ausland, kommt. Die Gefahr ist praktisch real, da es naheliegt, eigenen Mitarbeitern im Ausland Weisungen zu erteilen oder deren Ratschläge zu befolgen. Geschieht dies jedoch ohne Einbezug der (externen) Projektleitung, kann der Erfolg eines Audits durchaus entscheidend beeinträchtigt werden. Es empfiehlt sich daher, klare Kommunikationsregeln schon in der vertraglichen Vereinbarung zur Durchführung eines Audits zu definieren.

4.3.4.4 Überwachung und ständige Anpassung

Die Aufgabenverteilung muss regelmäßig überwacht und bei Bedarf angepasst werden, um sicherzustellen, dass das Team effektiv arbeitet und die Ziele erreicht werden.

In der Praxis besonders wichtig ist die Vermeidung (gut gemeinter) Alleingänge. In der Teamzusammenarbeit ist Eigeninitiative nur begrenzt von Vorteil (z. B. wo es um die kurzfristige Vermeidung ansonsten eintretender Nachteile, etwa Beweisverlust, geht).

4.4 Projektmanagement

4.4.1 Zentrale vs. lokale Steuerung

Grundsätzlich ist vorab zu entscheiden, auf welcher Ebene die Steuerung des Audits stattfindet.

Eine zentrale Projektsteuerung hat den Vorteil, dass eine einheitliche und konsistente Steuerung der Aufgabenerfüllung erleichtert wird. So können Entscheidungen schneller getroffen werden und das Risiko von Inkonsistenzen oder Widersprüchen wird minimiert. Ein weiterer Vorteil ist die bessere Übersicht über den Projektfortschritt und die bessere Ressourcenallokation.

Eine dezentrale Projektsteuerung hingegen ermöglicht eine größere Flexibilität und Anpassungsfähigkeit an lokale Gegebenheiten. Die Verantwortung wird auf mehrere Personen oder Teams verteilt, was zu einer höheren Motivation und Eigenverantwortung führen kann.

Bei Audits in Emerging Markets und Entwicklungsländern ist zu berücksichtigen, dass auf lokaler Ebene meist keine Erfahrungen und auch keine alle Disziplinen umfassenden personellen Ressourcen zur Verfügung stehen. Zwar können Einzelfragen, insbesondere zur lokalen rechtlichen Situation nur durch örtlich ansässige Experten geklärt werden und auch die Kommunikation auf sprachlicher Ebene, sei es im Hinblick auf Dokumente und Daten oder in Interviews, wird regelmäßig lokal erfolgen müssen. Allerdings geht es in den hier angesprochenen Compliance-Projekten gerade auch um die Erfüllung internationaler bzw. europäischer Normen. Dieses Know-how ist in aller Regel lokal nicht vorhanden. Zudem hat der Auftraggeber oftmals eigene Vorstellungen zur Umsetzung der gesetzlichen Vorgaben, etwa durch konzernweite Regelungen und Richtlinien.

Dementsprechend wird es im Regelfall zielführend sein, eine zentrale Steuerung des Projekts vorzusehen und dezentrale Elemente auf das Notwendigste zu beschränken.

4.4.2 Ständige Fortschreibung und Protokollierung des Status

Kein Audit verläuft statisch. Ergebnisse und Handlungsoptionen sind laufend zu hinterfragen und anzupassen. Dabei können einige bewährte Methoden helfen.

4.4 Projektmanagement

4.4.2.1 Definition von Meilensteinen und (Zwischen-)Zielen

Die Definition von sog. Meilensteinen, mit denen Fortschritte gemessen und überwacht werden können, ist bei vielen Projekten üblich.

Diese Methode stößt jedoch bei On-Site Audits auf Grenzen. Oftmals handelt es sich um ergebnisoffene Untersuchungen, bei denen lediglich ein Status festgestellt werden soll. Aber auch dann, wenn ein konkreter Verdacht einer Unregelmäßigkeit besteht, dem nachgegangen werden soll, ist es regelmäßig nicht möglich, konkrete (Zwischen-)Ergebnisse zu vorbestimmten Zeitpunkten zu prognostizieren.

Anstelle von Meilensteinen sollte daher eher von Erkenntnissen gesprochen werden, die (ggfls. abschnittsweise) definiert werden können und deren Zielerreichungsgrad zu bestimmten Zeitpunkten zumindest als Idealvorstellung definiert werden kann.

Sinnvoll ist eine Ergebnisplanung, also eine (grobe) Bestimmung des Zeitpunkts, in dem ein Abschlussbericht vorliegen soll.

> **Beispiel**
>
> Bis zum ___ (Zeitpunkt) ist es das Ziel, alle Unterlagen zum Themenkomplex ___ gesichtet zu haben/alle Mitarbeiter der Abteilung ___ gesprochen zu haben/die Unterlagen von Steuerbehörde und Wirtschaftsprüfer abgeglichen zu haben. ◄

4.4.2.2 Festlegung von Verantwortlichkeiten

Die Festlegung, wer für die Überwachung des Projektfortschritts in diesem Sinne und die Aktualisierung des Status verantwortlich ist, kann grundsätzlich delegiert werden. Zumeist wird es sich dabei jedoch um eine Aufgabe des für die Projektsteuerung zentral Verantwortlichen handeln.

Soweit Zwischenschritte oder Teilaufgaben vergeben wurden, können aber auch Teammitglieder verantwortlich sein, die dann schnellstmöglich Bericht erstatten.

4.4.2.3 Verwendung von Projektmanagement-Tools

Die Nutzung von Projektmanagement-Tools ist vielfach üblich, um den Projektstatus zu verfolgen und zu aktualisieren. Dies gilt jedenfalls für komplexe und Kreativität erfordernde Projekte. Sind lediglich Einzelfragen zu klären oder Checklisten abzuarbeiten, ist dieser Schritt entbehrlich.

▶ **Tipp**
Gängige Tools sind etwa:

- Gantt-Diagramme: Ein Gantt-Diagramm ist eine visuelle Darstellung des Projektplans, die die Aufgaben, Meilensteine und Abhängigkeiten des Projekts zeigt.
- Kanban-Boards: Ein Kanban-Board ist ein visuelles Tool zur Verfolgung von Aufgaben und Projekten. Es organisiert Aufgaben in Spalten, um den Fortschritt zu verfolgen.
- Projektmanagement-Software: Projektmanagement-Software bietet eine zentralisierte Plattform zur Verwaltung von Projekten, einschließlich der Planung, Ressourcenverwaltung, Zeiterfassung und Budgetierung.
- Mind-Mapping-Tools, die bei der Visualisierung von Ideen und Konzepten und bei der Planung von Projekten und der Identifizierung von Abhängigkeiten und Risiken helfen können.
- Collaboration-Tools wie Slack oder Microsoft Teams ermöglichen die Zusammenarbeit und Kommunikation zwischen Teammitgliedern und können zur Verbesserung der Projektmanagement-Effizienz beitragen.
- Cloud-Speicher wie Google Drive oder Dropbox ermöglichen den einfachen Zugriff auf gemeinsam genutzte Dokumente und Dateien von verschiedenen Standorten aus.
- Agile-Methoden wie Scrum oder Kanban sowie traditionelle Methoden wie Wasserfall können als Rahmen für die Planung und Durchführung von Projekten dienen.

Je nach den spezifischen Anforderungen des Projekts können auch Kombinationen dieser Tools und Methoden eingesetzt werden.

▶ **Wichtig**
Unabhängig von der Verwendung bestimmter Methoden sind vor allem regelmäßige Meetings sinnvoll, um den Fortschritt des Projekts zu besprechen und den Status zu aktualisieren.

Es empfiehlt sich, fixe Termine festzulegen (z. B. Jour fixe, jeden ___ der Woche um ___ Uhr). In Betracht kommen bei größeren Projekten auch Meetings von Teilen des Teams, z. B. der lokalen Unterstützer mit der Teamleitung, des Auftraggebers mit der Teamleitung usw.

Die Bedeutung des ständigen Austauschs von Informationen wurde bereits betont. Es ist sicherzustellen, dass alle Beteiligten nach dem Need-to-Know Prinzip über den Fortschritt des Audits informiert sind.

4.4.3 Kostenmanagement

Das Kostenmanagement ist ein wichtiger Bestandteil der Projektplanung, da es sicherstellt, dass das Projekt innerhalb des vereinbarten Budgets bleibt und die finanziellen Ziele erreicht bzw. nicht außer Acht lässt. Beim Kostenmanagement im Rahmen eines Audits sind verschiedene Faktoren zu bedenken.

4.4.3.1 Budgetplanung

Es ist wichtig und wird im Regelfall bereits zu Beginn vom Auftraggeber erwartet, ein realistisches Budget für das Projekt zu erstellen und sicherzustellen, dass dabei alle wesentlichen Kostenfaktoren berücksichtigt werden. Dazu gehören Material-, Personal- und Reisekosten sowie andere Ausgaben.

Gerade bei Audits in Emerging Markets und Entwicklungsländern ist im Vorfeld vieles noch weniger planbar als im heimischen Umfeld. Dem kann in gewissem Maß durch entsprechende Risikomargen Rechnung getragen werden. Zudem verfügen erfahrene Berater über einen Erfahrungsschatz gerade auch in dem schwierigen Umfeld in Emerging Markets und Entwicklungsländern und sind so in der Lage, auch unvorhergesehene Verzögerungen einzukalkulieren.

Wichtig ist, insbesondere schon im Rahmen der vertraglichen Leistungsbeschreibung klarzustellen, welcher Aufwand Gegenstand der Budgetplanung ist, sodass Zusatzaufträge oder spätere Abweichungen nicht in das Ursprungsbudget fallen. Denkbar ist auch, solche Zusatzleistungen abstrakt (z. B. mit Tagessätzen) zu beziffern.

4.4.3.2 Kostenkontrolle

Unabhängig von Erfahrungen und realistischen Ansätzen ist es wichtig, die Kosten während des gesamten Projekts laufend zu überwachen und sicherzustellen, dass die Untersuchung innerhalb des Budgets bleibt. Hierbei können Tools wie Kostenkontrolltabellen oder -software helfen.

4.4.3.3 Risikomanagement

Potenzielle Risiken, die das Budget des Projekts beeinträchtigen könnten, sind – soweit möglich – einzukalkulieren. Ein pauschaler oder prozentualer Risikoaufschlag ist immer sinnvoll, um nicht bei jeder noch so geringen Kostensteigerung in Rechtfertigungszwang zu geraten.

4.4.3.4 Kosten-Nutzen-Analyse

Eine laufende Kosten-Nutzen-Analyse ist insbesondere bei der Untersuchung konkreter Vorfälle sinnvoll, um sicherzustellen, dass die Kosten des Audits nicht außer Verhältnis zu dem potenziellen Schaden bzw. Ertrag (Schadenswiedergutmachung) stehen.

4.4.3.5 Kosteneffizienz

Ein Audit sollte immer kosteneffizient durchgeführt werden. Dies kann durch die Verwendung von kosteneffektiven Ressourcen erreicht werden. So ist z. B. bei der wiederholten Einvernahme von Zeugen zu prüfen, inwieweit dies, um Reisekosten einzusparen, von ohnehin lokal anwesenden Mitarbeitern oder online erledigt werden kann.

4.4.3.6 Kostenkommunikation

Eine klare Kommunikation über die Kosten des Projekts und den jeweils aktuellen Stand der Budgetausschöpfung ist wichtig, um das Vertrauen des Auftraggebers und die Unterstützung aufrechtzuerhalten. Gerade die anfängliche Budgetplanung mit offenem Projektverlauf ist nur schwer planbar, daher ist es umso wichtiger, Kostenentwicklungen zeitnah nachzuvollziehen und transparent zu kommunizieren.

4.5 Abschluss der Untersuchung

Eine Untersuchung endet regelmäßig mit der Erstattung eines Abschlussberichts, dessen Format und Inhalt mit dem Auftraggeber abzustimmen ist. Der Bericht enthält in aller Regel ein vorangestelltes „Executive Summary", in dem die wichtigsten Inhalte herausgestellt und zusammengefasst werden.

Neben der reinen Statusberichterstattung sind oft auch Empfehlungen für die künftige Handhabung bestimmter Vorgänge oder aber auch konkrete Hinweise zur Beseitigung von Problemen Gegenstand des Berichts.

4.5.1 Erfüllung von Berichts- und Dokumentationspflichten durch Abschlussbericht mit Empfehlungen

Entsprechend der eingangs dargestellten Zielsetzung, die mit Audits in Emerging Markets und Entwicklungsländern oft verbunden ist, besteht ein wesentliches Ziel auch darin, einen Nachweis der Durchführung einer On-Site Untersuchung zu erhalten.

So enthält der umfangreiche Fragenkatalog des BAFA, dessen Beantwortung bei der Erfüllung der Berichtspflichten hilft, Fragen zu Auslandsniederlassungen (die zumeist zum eigenen Geschäftsbetrieb zählen) und zu unmittelbaren Zulieferern, jedenfalls soweit diese in ausgewiesenen Risikogebieten ansässig sind.

Dabei betont die zuständige Behörde ausdrücklich, dass in diesen Fällen eine Beschaffung von Informationen ausschließlich auf der Basis von Selbstauskünften, öffentlich zugänglichen Informationen oder Zertifizierungen nicht ausreicht.

Erforderlich ist vielmehr, sich selbst ein Bild von den Verhältnissen vor Ort zu machen. Unabhängig davon, wer diese Untersuchung vor Ort durchführt, eigene Mitarbeiter oder ein beauftragter Dienstleister, ist zum Abschluss des Audits ein schriftlicher Bericht zu verfassen, dessen wesentliche Erkenntnisse in den mindestens einmal jährlich zu veröffentlichenden Bericht aufgenommen werden. Ein umfangreicherer Untersuchungsbericht dient so auch der eigenen Absicherung und dem Nachweis, dass alle zumutbaren und angemessenen Maßnahmen ergriffen wurden, um Gesetzesverstöße zu vermeiden bzw. deren Auswirkungen zu begrenzen.

Dabei erfüllt der Untersuchungsbericht eine Doppelfunktion. Neben den Berichts- und Publizierungsvorschriften der ESG-Gesetzgebung auf deutscher und europäischer Ebene sehen die meisten Gesetze auch vor, dass alle Compliance-Maßnahmen zu dokumentieren sind. Der detaillierte Untersuchungsbericht stellt eine solche Dokumentation dar.

▶ **Tipp**
Folgende Angaben sollte der Untersuchungsbericht zur Erfüllung der Vorgaben mindestens enthalten:

- Zusammenfassung der Untersuchungsergebnisse
- Beschreibung des Untersuchungsrahmens und der Methodik

- Benennung der Vorschriften im betreffenden Land, die berücksichtigt wurden
- Erwähnung/Beschreibung der Compliance-Programme und -Prozesse des Unternehmens
- Identifizierte Compliance-Risiken und Empfehlungen zur Risikominderung
- Beschreibung tatsächlicher oder potenzieller Verstöße gegen Gesetze und Vorschriften
- Bewertung der Compliance-Kultur des Unternehmens und Empfehlungen zur Verbesserung
- Zusammenfassung der Schlussfolgerungen und Empfehlungen

4.5.2 Darstellung von Präventions- und Abhilfemaßnahmen

Damit es sich bei einem Untersuchungsbericht nicht nur um ein statisches bzw. historisches Dokument handelt, spielen Handlungsempfehlungen für die Zukunft eine wichtige, wenn nicht sogar wesentliche Rolle. Dabei ist irrelevant, ob es sich um eine Untersuchung aus einem konkreten Anlass gehandelt hat, oder ob Gegenstand der Untersuchung ein genereller Compliance-Check ist. In beiden Fällen ist es sinnvoll, an Präventionsmaßnahmen zu denken, um mögliche künftige Gesetzesverletzungen bereits im Vorfeld zu vermeiden.

4.5.2.1 Prävention
Mögliche Handlungsempfehlungen sind vielfältig. Hierzu zählen u. a.:

4.5.2.1.1 Implementierung/Anpassung eines Compliance-Programms
Ein umfassendes Compliance-Programm legt die Grundlage für die Einhaltung von Gesetzen und Vorschriften fest. Es umfasst Richtlinien, Verfahren, Schulungen und Überwachungsmechanismen. In Deutschland gehört es mittlerweile zu den unternehmerischen Grundpflichten, ein solches Programm zu entwickeln und im Unternehmen zu implementieren. Weitere spezifische Anforderungen enthalten Spezialgesetze wie das LkSG.

Hierzu zählt auch die Entwicklung und Umsetzung klarer Ethikrichtlinien und Verhaltenskodizes. Dies fördert ein ethisches Geschäftsverhalten und unterstützt die Einhaltung von Compliance-Standards. Soweit es sich um bereits vorhandene Unternehmensvorgaben handelt, müssen diese sprachlich und rechtlich auf

4.5 Abschluss der Untersuchung

die Situation in dem betreffenden Land angepasst werden und es bedarf einer vertraglichen Verankerung in Verträgen und/oder Geschäftsbedingungen.

Die Aufgabe eines Audits in Emerging Markets und Entwicklungsländern ist, diesbezüglichen Anpassungsbedarf zu erkennen bzw. dafür zu sorgen, dass auch im eigenen Geschäftsbetrieb im Ausland eine entsprechende Struktur implementiert bzw. aufrechterhalten wird.

4.5.2.1.2 Schulung und Sensibilisierung

Regelmäßige Schulungen für Mitarbeiter, Führungskräfte und Geschäftspartner über Compliance-Richtlinien, Gesetze und Vorschriften erhöhen das Bewusstsein für Compliance-Anforderungen und sind – z. B. im LkSG – sogar gesetzlich vorgeschrieben. Diese Verpflichtung erstreckt sich ausdrücklich auch auf den eigenen Geschäftsbetrieb im Ausland und dortige Zulieferer. Da es zu den Schulungsinhalten zählt, das deutsche Gesetz und seine Auswirkungen im betreffenden Risikogebiet zu erläutern, kann es sich nur um Schulungen handeln, die (auch) von deutschen Experten durchgeführt werden.

Bislang nicht entschieden ist, ob es sich um Präsenzschulungen handeln muss oder ob auch z. B. Trainingsvideos ausreichen. Im Hinblick darauf, dass in Emerging Markets und Entwicklungsländern befindlichen Mitarbeitern vielfach nicht einmal die Grundzüge des deutschen und internationalen Menschenrechtsschutzes bekannt sein werden, dürfte es regelmäßig zielführend sein, nicht nur eine passive Teilnahme vorzusehen, sondern auch die Möglichkeit zu schaffen, Fragen zu beantworten. Dies kann ggfls. auch in einem Webchat geschehen. Allerdings ist erfahrungsgemäß die Hemmschwelle, Fragen zu stellen, bei einer Präsenzveranstaltung signifikant geringer. Dies gilt erst recht, wenn zusätzlich Sprachprobleme bestehen (also etwa übersetzt werden muss). Immer zu berücksichtigen ist zudem, dass es bei Schulungen auch um lokale Themen wie die Einhaltung der örtlichen Arbeitsschutzbestimmungen geht. Daher ist die Beteiligung auch lokaler Trainer unerlässlich.

4.5.2.1.3 Überwachung und interne Kontrollen

Die Implementierung von internen Kontrollen und Überwachungsmechanismen, mit denen potenzielle Compliance-Verstöße rechtzeitig erkannt und verhindert werden sollen, wird regelmäßig genutzt, um die Widerstandsfähigkeit der eigenen Maßnahmen zu überprüfen. Dazu gehören auch regelmäßige interne Audits und Überprüfungen.

Natürlich ist die bloße Einführung eines Compliance-Programms für sich genommen nicht ausreichend. Gerade in der Anfangsphase sind kurzfristige und häufige Erfolgskontrollen erforderlich.

Ein vertraulicher Kanal zur Meldung von Compliance-Verstößen, auch im Ausland, ermöglicht es Mitarbeitern und anderen Stakeholdern, Bedenken oder Verdachtsfälle anonym zu melden. Bei unternehmenseigenen Lösungen ist auf die Zugänglichkeit aus dem Ausland und umfassende Rechtskonformität zu achten.

▶ **Tipp**
Viele europäische Vorgaben enthalten bereits die Verpflichtung zur Schaffung eines Meldekanals für Hinweisgeber, der dann auch für potenziell im Ausland Betroffene zugänglich sein muss. Nach Auffassung der BAFA zum LkSG ist es dabei nicht zulässig, sich auf ein etwa schon bei Lieferanten vorhandenes Meldesystem zu verlassen. Vielmehr muss ein eigenes Beschwerdesystem vorhanden und für alle potenziell von Menschenrechtsverletzungen in der Lieferkette Betroffene zugänglich gemacht werden. Es ist allerdings zulässig, z. B. in einer ausländischen Niederlassung ein eigenes System (getrennt von dem deutschen Beschwerdekanal) zu installieren.

Noch ungeklärt ist, wie der Schutz von Hinweisgebern bei Zulieferern gewährleistet werden kann. Auch ist der Zugang für besonders vulnerable Gruppen wie Kinder und Zwangsarbeiter eine schwierige Aufgabe.

Im Rahmen der Empfehlungen nach einem Audit sollten jedenfalls Hinweise zu dem Beschwerdesystem enthalten sein.

4.5.2.2 Abhilfe

Ist es bereits zu einer Rechtsverletzung gekommen, die dann Gegenstand des Audits war, liegt ein wichtiger Fokus neben der Verhinderung künftiger Vorfälle in der weitgehenden Milderung der Folgen der Rechtsverletzung.

Das Maß der Verpflichtungen nach dem LkSG ist dabei abgestuft. Die weitestgehenden Verpflichtungen bestehen im eigenen Geschäftsbetrieb. Dies gilt auch im Ausland. Liegt ausschließlich ein finanzieller Schaden vor, kann dieser regelmäßig vollständig ausgeglichen werden. Je nach Art der Folgen, z. B. einer Menschrechtsverletzung, ist dies nicht immer oder nicht vollständig möglich. In derartigen Fällen sind jedoch alle zumutbaren Anstrengungen zu unternehmen, negative Folgen abzumildern. Empfehlenswert ist in jedem Fall, die Abhilfemaßnahmen im Bericht festzuhalten und – soweit möglich – auch darüber hinaus zu dokumentieren.

4.5.3 Organisation von lokalen Schulungen

Die Durchführung regelmäßiger Schulungen wurde bereits im Rahmen der Prävention erwähnt. Schulungen im Ausland sind an dieser Stelle aber nochmals hervorzuheben, da Unternehmen, die in Emerging Markets und Entwicklungsländern tätig sind, oft mit besonderen Herausforderungen und Risiken konfrontiert sind und das Bewusstsein für die maßgeblichen Problemstellungen in vielen Ländern noch nicht weit verbreitet ist. Dabei sind einige Aspekte hervorzuheben.

4.5.3.1 Kultur und Sprache

Schulungen sollten in der jeweiligen Landessprache angeboten werden, um sicherzustellen, dass die Teilnehmer die Inhalte verstehen und anwenden können.

▶ Im Einzelfall kann es auch erforderlich sein, Schulungen mehrsprachig (bspw. in mehreren lokalen Sprachen bzw. Dialekten) durchzuführen, wenn Gastarbeiter aus anderen Ländern bzw. Regionen, die Landessprache bzw. den jeweiligen Dialekt nicht fließend beherrschen.

Ein Zusammenwirken einheimischer Trainer und ausländischer Experten ist eine bewährte Methode, um Akzeptanz und Verständnis herzustellen. Lösungen, die auf den Kontext des Landes und des Unternehmens zugeschnitten sind, sind gegenüber Standardprodukten, etwa vorgefertigten, ausschließlich elektronisch angebotenen Trainingsvideos, zu präferieren. Wichtig erscheint insbesondere, dass die Möglichkeit für Teilnehmer geschaffen wird, Verständnisfragen zu stellen.

4.5.3.2 Relevante Themen

Schulungen sollten auf die spezifischen Menschenrechtsprobleme im jeweiligen Land und in der jeweiligen Branche eingehen. Außerdem müssen die Themen adressiert werden, die im Rahmen eines Audits festgestellt und als problematisch identifiziert wurden. Die Erläuterung eines bestehenden bzw. neu eingeführten Compliance-Risikomanagementsystems ist im Detail zu erläutern. Hierzu zählt auch die Information über bestehende Beschwerdesysteme.

Nach einer Transaktion macht es zudem Sinn, auch in die Regeln und die Kultur des neuen Eigentümers einzuführen.

Vor der Durchführung von Schulungen empfiehlt sich immer, zunächst den konkreten und aktuell drängendsten Schulungsbedarf zu ermitteln. Hierzu muss eine Risikoanalyse durchgeführt werden (oder Erkenntnisse aus dem Audit verwendet werden), um die Bereiche und Personengruppen zu identifizieren, in denen Schulungen am dringendsten benötigt werden.

▶ Besonders wichtig ist dabei auch, unterschiedliche Adressatenkreise zu berücksichtigen und Schulungen sowohl für Unternehmensleitungen und Führungskräfte einerseits, aber auch für Mitarbeiter ohne Führungsverantwortung anzubieten.

4.5.3.3 Praktische Beispiele und interaktive Methoden

Schulungen sollten praktische Beispiele enthalten, die die Teilnehmer verstehen und anwenden können. Eine interaktive Gestaltung setzt Anreize zur aktiven Teilnahme und zum besseren Verständnis.

Schulungsprogramme sollten regelmäßig evaluiert werden, um sicherzustellen, dass sie effektiv sind und auch tatsächlich in der täglichen Praxis umgesetzt werden. Dies gilt insbesondere dann, wenn etwa Folgeschulungen nur mehr ausschließlich im Schwellen- oder Entwicklungsland durch dortiges, eigenes Personal durchgeführt werden sollen.

Wichtig sind in jedem Fall nicht nur die Erfolgskontrolle, sondern auch die laufende logistische Unterstützung (etwa durch geeignete Trainer und Materialien), aber auch finanzielle Hilfestellungen. Die Vermeidung von Problemfällen ist das damit verbundene Investment wert.

4.5.4 Laufende Kontrollmaßnahmen/Wiederholung des Audits

Ein On-Site Audit ist, darüber herrscht kein Zweifel, in erster Linie eine Momentaufnahme. Bei gründlicher und professioneller Durchführung kann so die Vergangenheit bis zum Moment der Berichterstattung aufgearbeitet werden.

▶ Keinesfalls aber garantiert ein Audit, dass es nicht bereits kurz darauf zu neuen oder anderen Compliance-Verstößen kommt. Compliance ist und bleibt eine Daueraufgabe, auch und gerade in Emerging Markets und Entwicklungsländern.

Der möglichen Verhinderung von Problemfällen dienen in erster Linie die beschriebenen Präventionsmaßnahmen. Es kommt allerdings nicht von ungefähr,

4.5 Abschluss der Untersuchung

dass der deutsche und europäische Gesetzgeber davon ausgeht, dass regelmäßige Kontrollen und auch Wiederholungen von Audits erforderlich sein können. Ansatzpunkt kann insoweit die ohnehin mindestens einmal jährlich sowie anlassbezoge erneute Risikoanalyse unter Berücksichtigung zwischenzeitlich eingegangener Berichte oder Beschwerden sein. Ergibt sich dabei kein Hinweis auf gesteigerte, neue oder zusätzliche Compliance-Risiken, muss kein regelmäßiger On-Site Audit stattfinden.

Wichtig für die Beurteilung des Erfordernisses weiterer Untersuchungen ist auch und vor allem der Umfang des ursprünglichen Audits. Beschränkte sich die Erstuntersuchung auf einen konkreten Vorfall und somit auf bestimmte definierte Rechtsgebiete, ist hiermit kein Präjudiz für die Entbehrlichkeit einer umfassenderen Compliance-Untersuchung gegeben.

▶ On-Site Audits sind kein Selbstzweck, sondern dienen der Erfüllung bestehender gesetzlicher Verpflichtungen und vor allem auch der Verhinderung des Eintritts eines (finanziellen) Schadens. Dieser kann auch darin bestehen, wettbewerbsrechtlichen Risiken ausgesetzt zu sein. Schließlich werden die Jahresberichte der Unternehmen veröffentlicht. Findet sich darin eine unzutreffende Darstellung der Risikoanalyse oder gar die falsche Behauptung eines durchgeführten On-Site Audits, drohen Konkurrentenklagen.

Hauptzweck aus Sicht des deutschen und europäischen Gesetzgebers ist allerdings der Schutz der von möglichen Verstößen betroffenen Menschen insbesondere in Schwellen- und Entwicklungsländern. Dies sollte nicht aus dem Blick geraten, auch wenn der Aufwand, der zur Erfüllung der Rechtspflichten erforderlich ist, mitunter beträchtlich ist.

Die Bedenken, die das BAFA gegenüber Audits generell zum Ausdruck gebracht hat, beziehen sich auf die Unabhängigkeit und Qualifikation der Prüfer. In der Tat ist gegenüber lokalen Behörden und Prüforganisationen im Ausland eine gewisse Skepsis angebracht, zu oft werden positive Berichte auch „erkauft". Diesem Risiko lässt sich allerdings durch die Beauftragung erfahrener und kompetenter Prüfer, z. B. auch deutscher Rechtsanwälte und Organisationen, begegnen.

> **Ihr Transfer in die Praxis**
>
> - Unternehmen müssen sich der besonderen rechtlichen und tatsächlichen Rahmenbedingungen, die in Schwellen- und Entwicklungsländern gelten, bewusst sein bevor sie eine interne Untersuchung im Ausland durchführen.
> - Unternehmen werden im Rahmen von internen Untersuchungen regelmäßig auf lokale Expertise zurückgreifen müssen. Hier sollte ein besonderes Augenmerk auf zuverlässige Partner gelegt werden.
> - Unternehmen sollten auch nach Abschluss einer internen Untersuchung, die stets nur eine Momentaufnahme ist, regelmäßige Kontrollmaßnahmen vor Ort durchführen. Schulungen können ein wichtiges Mittel zur Gewährleistung von Compliance im Ausland sein. Auch hier gilt aber, dass entsprechende Maßnahmen umso wirksamer sein können, je intensiver auch der lokale Kontext und die lokalen Erfordernisse berücksichtigt werden. ◄

Zusammenfassung und Ausblick 5

Für Unternehmen, die Niederlassungen in Emerging Markets und Entwicklungsländern unterhalten, innerhalb ihrer Wertschöpfungskette Produkte aus solchen Ländern importieren oder dort vertreiben, war Compliance schon immer ein wichtiges Thema. Besonders in den letzten Jahren zeigt sich aber eine drastische Zunahme der Bedeutung von ESG-Themen nicht nur aufseiten des Gesetzgebers, sondern auch bei Verbrauchern und dem Kapitalmarkt.

Die neu erlassenen Gesetze sowie die für die nahe Zukunft geplanten bzw. in Kraft tretenden Richtlinien und Verordnungen der EU führen zu deutlich erhöhten Anforderungen für Unternehmen in Bezug auf ihre (ausländische) Compliance-Organisation.

Das deutsche LkSGz erfasst zwar vordergründig nur Unternehmen mit mehr als 1.000 Mitarbeiter, die geplante EU-Lieferkettenrichtlinie hat jedoch aller Voraussicht nach einen deutlich weiter gefassten Anwendungsbereich.

Die bereits normierten Sorgfaltspflichten bestehen dann nicht nur für direkte Zulieferer, sondern können für die gesamte Wertschöpfungskette, angefangen beim Zulieferer des Herstellers des Produkts, bis zum Vertrieb des Produktes durch eigene Tochterunternehmen Auswirkungen entfalten. Daher ist nicht nur eine Evaluierung von bestehenden Verbindungen zu Lieferanten erforderlich, sondern die Überprüfung nahezu sämtlicher Vertragsbeziehungen entlang der gesamten Wertschöpfungskette.

Die Zertifizierung durch „ESG-Dienstleister" oder auch die komplette Ausgliederung der Überwachung vor Ort wird nicht genügen, um die geforderten Sorgfaltspflichten zu erfüllen. Unternehmen werden neben eigenen internen

Ermittlungen und Validierungen, jeweils unterstützt durch externe Experten, On-Site Audits durchführen müssen. Diese sollten sowohl anlassbezogen als auch regelmäßig erfolgen.

Hierzu ist oftmals eine grundlegende Umstrukturierung von Compliance-Management-Systemen (CMS) erforderlich. Aufgrund der breit gefächerten Expertise, die für die Beurteilung der zahlreichen Fragestellungen innerhalb eines On-Site Audits erforderlich ist, ist die Einrichtung von speziellen interdisziplinären Compliance-Teams angeraten. Für die effektive Bündelung von internem und externem Know-how bedarf es eines straffen Projektmanagements.

Darüber hinaus verschärft die Pflicht einer Nachhaltigkeitsberichterstattung (CSRD) der EU die bereits bestehenden Berichtspflichten erheblich. Diese Richtlinie beansprucht je nach Größe des Unternehmens zeitlich gestaffelt zwischen 2024 und 2028 erstmalig Geltung und verpflichtet die von ihrem Anwendungsbereich erfassten Unternehmen zu umfassenden Berichten über die Bemühungen zu Nachhaltigkeit im In- und Ausland. Sie bündelt die gesamte, nach EU-Recht teilweise bereits heute erforderliche ESG-Berichterstattung.

Die neuen und geplanten EU-Verordnungen zu entwaldungsfreien Produkten und zur Verhinderung von Zwangsarbeit gehen – trotz eines unterschiedlichen Ansatzes (Im- bzw. Exportverbot bei fehlenden Nachweisen) – in die gleiche Richtung, da auch in diesen Regelwerken die Beachtung der arbeitsplatzbezogenen Menschenrechte und der umweltbezogenen Risiken in der Herstellungskette geprüft und nachgewiesen werden muss. Ohne Audits vor Ort wird dieser Nachweis nicht zu führen sein.

Dieser, von verschiedenen legislativen Ebenen beeinflusste ESG-Pflichtenkatalog schafft also, insbesondere für Unternehmen, die in Emerging Markets und Entwicklungsländern operieren, neue Herausforderungen. So sollten neben den rückschauenden Audits auch Maßnahmen zur Prävention von Verstößen gegen die genannten Gesetze und Verordnungen ergriffen werden.

Aufgrund der drohenden Sanktionierung von Verstößen, der Gefahr von Reputationsverlusten und potenziell erschwerter Finanzierungsmöglichkeiten bei Banken und dem Kapitalmarkt, sollten erfasste Unternehmen die geplanten Änderungen bezüglich der ESG-Pflichten genauestens verfolgen und die neuen Anforderungen umfassend umsetzen.

Die immer wieder gegen soziale Audits vorgebrachten Argumente müssen ernst genommen werden. Bei genauerer Betrachtung geht es bei der Kritik aber nicht um das Mittel des On-Site Audits an sich. Dieses ist durch technische Hilfsmittel, Vertragsklauseln oder Ferndiagnose nicht zu ersetzen. Es ist allerdings sicherzustellen, dass erkannte Schwachstellen, wie etwa fehlende Unabhängigkeit, unzureichende Sachkunde und mangelnde Transparenz, vermieden werden. Die

5 Zusammenfassung und Ausblick

Beauftragung unabhängiger und rechtskundiger Dienstleister mit spezifischem Know-how in den Ländern, in denen die Untersuchung stattfindet, ist eines der entscheidenden Mittel, um Audits vor Ort zu dem zu machen, was sie sein können und leisten müssen: Eine, wenn nicht die einzige unabhängige Erkenntnisquelle zur Beurteilung der Menschenrechtslage vor Ort.

MIX
Papier aus verantwortungsvollen Quellen
Paper from responsible sources
FSC® C105338

If you have any concerns about our products,
you can contact us on
ProductSafety@springernature.com

In case Publisher is established outside the EU,
the EU authorized representative is:
**Springer Nature Customer Service Center GmbH
Europaplatz 3, 69115 Heidelberg, Germany**

Printed by Libri Plureos GmbH
in Hamburg, Germany